超级沟通力

美国传奇主持人拉里·金的说话之道

[美] 拉里·金 (Larry King)
比尔·吉尔伯特 (Bill Gilbert) —— 著

刘晗 —— 译

HOW TO TALK TO
ANYONE, ANYTIME,
ANYWHERE:

THE SECRETS
OF GOOD
COMMUNICATION

清华大学出版社
北京

北京市版权局著作权合同登记号　　图字：01-2022-2485

How to Talk to Anyone, Anytime, Anywhere: The Secrets of Good Communication
EISBN: 0-517-88453-4
copyright © 1994 by Larry King
This translation published by arrangement with Crown, an imprint of Random House, a division of Penguin Random House LLC

本书封面贴有清华大学出版社防伪标签，无标签者不得销售。
版权所有，侵权必究。举报：010-62782989，beiqinquan@tup.tsinghua.edu.cn。

图书在版编目（CIP）数据

　　超级沟通力：美国传奇主持人拉里·金的说话之道 /(美) 拉里·金 (Larry King)，(美) 比尔·吉尔伯特 (Bill Gilbert) 著；刘晗译. —北京：清华大学出版社，2022.5
　　书名原文：How to Talk to Anyone, Anytime, Anywhere: The Secrets of Good Communication
　　ISBN 978-7-302-60538-6

　　Ⅰ. ①超… Ⅱ. ①拉… ②比… ③刘… Ⅲ. ①心理交往—语言艺术—通俗读物　Ⅳ. ①C912.13-49

　　中国版本图书馆CIP数据核字(2022)第070484号

责任编辑：顾　　强
装帧设计：方加青
责任校对：王荣静
责任印制：朱雨萌

出版发行：清华大学出版社
　　　　　网　　　址：http://www.tup.com.cn，http://www.wqbook.com
　　　　　地　　　址：北京清华大学学研大厦A座　　　邮　　编：100084
　　　　　社 总 机：010-83470000　　　　　　　　　　邮　　购：010-62786544
　　　　　投稿与读者服务：010-62776969，c-service@tup.tsinghua.edu.cn
　　　　　质 量 反 馈：010-62772015，zhiliang@tup.tsinghua.edu.cn
印 装 者：艺通印刷（天津）有限公司
经　　销：全国新华书店
开　　本：148mm×210mm　　　印　　张：6.5　　　字　　数：138千字
版　　次：2022 年 7 月第 1 版　　印　　次：2022 年 7 月第 1 次印刷
定　　价：58.00元

产品编号：093345-01

谨以此书纪念我的挚友兼经纪人
鲍勃·伍尔夫（Bob Woolf）

致谢我们团队的其他成员

一人难成书,出版离不开团队协作。身为作者的我们只完成了其中的采访和写作,团队中其他成员也承担起了同等重要的任务。为此,我们特别在此向他们致以谢意:

彼得·吉纳(Peter Ginna),纽约皇冠出版社编辑。

朱迪·托马斯(Judy Thomas),拉里的私人助理兼美国有线电视(CNN)《拉里·金现场》(Larry King Live)节目的联合制片人。

马吉·辛普森(Maggie Simpson),《拉里·金现场》节目的公关总监。

帕特·派帕(Pat Piper),多年来担任美国相互广播公司(MBS)《拉里·金现场》节目的制作人。

斯泰西·伍尔夫(Stmcey Woolf),拉里的经纪人,促成这本书出版的关键人物。

拉塞尔·伽林(Russell Galen),比尔·吉尔伯特个人及其多部著作的经纪人。

自序　大家聊起来

你愿意：不绑降落伞跳出飞机。

还是：在宴会上与从未谋面的陌生人邻坐。

如果你选择的是第一点，也别太难过。很多人会做出跟你同样的选择。我们尽管每天都在说话，但很多时候还是会遭遇瓶颈，事实上在大多情况下我们可以做得更好。无论是日常社交还是专业人士，成功之路皆是由言语沟通铺就的。如果你在说话方面缺乏自信，那么抵达成功的道路可能就会一波三折、坎坷不平。

所谓"不平"则鸣，即是我写这本书的原因，为前途畅通无阻而助力。我靠说话谋生已经37年了，这些年间我做过电台和电视台节目，从苏联领袖米哈伊尔·戈尔巴乔夫（Mikhail Gorbachev）到篮球巨星迈克尔·乔丹（Michael Jordan），都曾以嘉宾身份与我展开过对话。我还经常对社群团体发表演讲，听众从警长到防风门板推销员涉及各行各业。在接下来的章节里，我将和你分享我所了解的谈话技巧，无论面对一个人还是上百人都能应对自如。

说话于我而言是人生一大乐趣，也是我一直以来都钟情的事情。我有记忆以来在脑海中留有印象的其中一件事，便是小时候的我站在布鲁克林86街区和海湾公园大道的拐角处，报出驶过车辆的品牌型号。那年我7岁，伙伴们都叫我"小喇叭"。从那时起，我就一直滔滔不绝。

我儿时至今的铁哥们赫布·科恩（Herb Cohen）曾向观众爆料我当年以何种阵势在埃比茨棒球场（Ebbets Field）上为道奇棒球队加油的。那时我一个人坐在露天看台上，拿着我的记分卡，"播送"比赛实况。然后我回到家，把赛场上发生的一切——的确是所有战况——原原本本讲给朋友们听。赫布至今逢人必说："如果拉里去埃比茨棒球场看一场2小时10分钟的比赛，他就能有声有色描述得滴水不漏。"我记得我俩10岁时认识，第一次见到他好像在校长办公室。我进去的时候，他已经在那里了。如今我们都记不清当时为何被叫到那里——不过十有八九是因为我俩在课堂上讲话。

尽管我很喜欢说话，但我非常清楚为何有些人在说话时会感到不自在。那是因为他们害怕说错话，或者切入不当，词不达意。就像一位作家曾说过："宁愿保持沉默让别人觉得你是个傻子，也不要开口释疑。"当你和陌生人说话，或者同时和很多人交谈时，这种恐惧感就会被放大。

我希望这本书可以帮你驱散这种畏惧感。过去的一些经验告诉我，只要你态度得体，你跟任何人都能聊得来。读完这本书之后，你应该能够自信满满地对待任何谈话，而且你会知道如何以专业的方式有效传达你的意思。你将会在谈话上驾轻就熟并且享受其中。

本书的各个章节可谓面面俱到，涵盖了各种情境的谈话技巧

自序
大家聊起来

和真实案例,从你表哥的婚礼到正式晚宴,再到家长会的演讲,样样都有涉及。我会告诉你们我从采访嘉宾身上学到的心得,以及我自己的经验教训——你会看到这些血泪教训是多么痛的领悟。

交谈是人类最重要的沟通方式,也是人类区别于其他物种的独特之处。事实上,普通人大概每天会说18000个字,对此我坚信不疑(话痨的我可能说得更多)。因此,我们为何不拓展我们的技能,让自己成为最好的健谈者呢?让我们现在就开始吧。翻开新的一页。

嘿,赫布小子,竖起耳朵听好吧!

拉里·金

目录

第 1 章　谈话入门　　　　　　　　　　　　1

第 2 章　打破僵局　　　　　　　　　　　　13

第 3 章　社交谈话　　　　　　　　　　　　31

第 4 章　能说会道者的 8 种共同特质　　　　53

第 5 章　流行语与政治正确　　　　　　　　69

第 6 章　商务会谈　　　　　　　　　　　　85

第 7 章　最佳 / 最糟嘉宾　　　　　　　　　113

第 8 章　出了洋相后化险为夷　　　　　　　131

第 9 章　如何展开演讲　　　　　　　　　　143

第 10 章　再谈演讲的诸多细节问题　　　　　　159

第 11 章　无比残酷的惩罚
　　　　——如何在电视和广播的拷问下求生　　　171

第 12 章　未来的谈话方式　　　　　　　　　　　191

第 1 章
谈话入门

成功交谈的基础

- ♥ 以诚相待　以心相交
- ♥ 态度得体　分寸恰当
- ♥ 对交谈对象感兴趣
- ♥ 推心置腹　畅所欲言

交谈就和打高尔夫球、开车，或者经营店铺一样，都是久而久之自然驾轻就熟，你也会从中获得不少乐趣。但你必须先掌握一些基本技能。

我很幸运地在谈话上取得了一定的成功。可能也正是出于此，你一边读着这本书一边在想：真是自说自话大言不惭——当然，他说话妙语连珠，本来就在这方面游刃有余啊。

的确，讲话对我而言是自然而然的事，也许我确实有这方面的天赋。然而就算真有某些天赋，我们也必须竭力挖掘这种潜力。这就是将天赋转化为技能的原因。泰德·威廉斯（Ted Williams）可谓是我见过的最优秀的棒球运动员，也是我平生见过的人里面最有棒球天赋的，但他还是像其他人一样照常训练。鲁契亚诺·帕瓦罗蒂（Luciano Pavarotti）与生俱来拥有一副好嗓音，但他仍然去上声乐课。

我天生就会说，也愿意与人交谈，但很多时候，我也觉得说话不是一件那么轻而易举的事。

一、首秀出师不利

如果你能在 37 年前变身为迈阿密海滩电台演播室墙上的一只苍蝇，并目睹我在早间广播节目的首次亮相，你就会押上整个农

第 1 章
谈话入门

场，打赌我绝对是在这行浑水摸鱼的最后一个，更别说成为一位有成就的职业演说家了。

1957 年 5 月 1 日清晨拉开了我主持生涯的序幕，初舞台就位于华盛顿外第一大街警察局对面那个名叫 WAHR 的小电台。我当时已经在那里徘徊了 3 周，希望能进入自己梦寐以求的广播世界。电台总经理马歇尔·西蒙兹（Marshall Simmonds）说他喜欢我的声音（我的好嗓音是天生的），但是他那里没有空缺的职位可以提供给我。这并没有打消我的积极性，我愿意碰碰运气，我也是这么跟他说的。他说，好的，如果我想等等看的话，他那边下次一有空缺，我就能马上过来工作。

那时的我刚刚离开布鲁克林，我叔叔杰克和他妻子招呼我与他们同住在离电台不远的小公寓里，让我等待时机放开手脚大干一场。囊中羞涩的我只能寄人篱下。我每天都去电台，观摩 DJ 做节目、围观广播员报道新闻，以及体育节目主持人介绍体育赛况。

当我第一次看到从美联社和合众国际社传来的报道时，出神入定般沉迷其中。我自己写了几个小故事，希望能在节目中播出。过了 3 个礼拜，早间节目的 DJ 突然辞职了。到了周五，马歇尔叫我去了他的办公室，告诉我那个空岗由我顶替上，下周一上午 9 点上班，每周能赚上 55 美元。周一至周五每天上午 9 点工作到中午，下午还要播报新闻和体育节目，下午 5 点下班。

我终于梦想成真了！不仅能在广播中献声，而且每天上午要一口气连播 3 个小时，下午还有大约 6 次的报道。我在节目中如此频繁地亮相都快赶上哥伦比亚广播公司的超级明星亚瑟·戈弗雷（Arthur Godfrey）了。

整个周末我都翻来覆去睡不着觉，一直在排练节目中要说的话。到正式上班第一天早晨8点多的时候，我已然是个"废人"了。我说得嘴巴和喉咙发干，只好不停地灌咖啡还有水。我带上我选的主题曲——莱斯·埃尔加特（Les Elgart）的《沿途摇摆》（Swingin' Down the Lane），准备一进演播室就把唱片放在唱机转盘上。与此同时，似乎每临近开播一分钟我就越发紧张。

马歇尔·西蒙兹把我叫到他办公室预祝我好运。在我谢过之后，他问我："你打算用什么名字出道？"

我说："您这话是什么意思？"

"哎呀，你不能用拉里·泽戈尔（Lany Zeiger）。这个名字听上去有些异域风情，不好拼写，更不好让人记住，你需要一个简单明了、朗朗上口的名字，总之，你一会儿不能用拉里·泽戈尔这名字。"

他桌上平摊着《迈阿密先驱报》（Miami Herald）。整版报纸刊登的都是王牌酒的批发广告。马歇尔低头看了一眼报纸，然后轻描淡写地说："拉里·金（Larry King），怎么样？"

"好吧。"

"不错，你以后就叫拉里·金了。你主持的节目就叫《拉里·金秀》（The Larry King Show）。"

我就这样拥有了一份新工作、一档新节目、一首新主题曲，连名字都是现取的。新闻上午9点整开播，我坐在播音室里，《沿途摇摆》也放在唱片机转盘上了。一切准备就绪，《拉里·金秀》就要登场了，而此时我的嘴巴干得像棉花一样。

第1章
谈话入门

作为主持人的我还要身兼技术人员，这在小电台是常有的事儿，我开始播放主题曲，音乐渐入。然后我把音量调低，以便让大家能听见我说话。然而一切戛然而止。

于是我又放了音乐，调高音量再渐弱。我还是一个字也说不出口。如此这般来来回回3次。我的听众只能听到音乐声在忽大忽小之间切换，却听不到人说话的声音。

令我记忆犹新的是，当时我扪心自问，虽然我敢在街头巷尾跟人侃大山，但我还没准备好把说话当成一个职业。我知道我会爱上这一行，但我显然还没准备好，我没有转型的勇气。

那个给我宝贵机会的好心人马歇尔·西蒙兹在紧要关头大发雷霆，那派头也只能在总经理身上才看得到。他一脚踢开播音间的门，掷地有声地对我说了一句话："你坐在这里是要开口说话的！"

然后他转身摔门而去。

就在那一瞬间，我向麦克风前倾，说出了我作为一名播音员的第一段话：

"各位听众早安。现在您听到的正是我的播音首秀。我一直梦想成为广播节目主持人，整个周末都在演练。就在15分钟前，我有了一个新名字，也选好要播放的主题曲。但我口干舌燥，忐忑不安，而且总经理刚刚踹开门进来说，'你坐在这里是要开口说话的'！"

起码我敢发声了，这给了我继续说下去的信心，而且后面的节目也进展顺利。这个节目的播出是我谈话生涯的起点。从那之后，我播音再也没紧张过。

二 以诚相待，以心相交

那天早上在迈阿密海滩电台的主持经历让我学到了很多东西，无论你是否进入工作状态，都必须做到以诚相待，以心相交。无论是做广播节目还是在任何说话场合，真诚老实就永远不会出错。亚瑟·戈弗雷在和我谈到如何成为优秀播音员的时候，也强调过沟通要以诚待人："让你的听众和观众分享你的经历和你的感受。"

我作为电视脱口秀主持人首次登台时，同样是在迈阿密，也有过类似的经历——除去首次电台秀，那是我仅有的一次在直播中紧张。

在此之前我从未上过电视，这正是我的忧虑所在。制片人让我坐在一把转椅上就是大错特错。我紧张得发抖，椅子不停地前后摇晃，场外的每个观众都能看得一清二楚。

后来就变得有点搞笑。我干脆想什么就说什么，让观众感同身受我的紧张。我说我已经在电台做了3年的播音员，但这是我第一次上电视。而且有些人还非得安排我坐在这把晃晃悠悠的转椅上……

就这样，每个人都知道了我的处境，我也不再紧张了。这样一来，我表现得更加从容不迫。我的电视首秀旗开得胜。这一切都要归因于我对说话对象的以诚相待。

最近有人问我："假如你正走在国家广播公司（NBC）新闻演播厅里，有人过来抓你的差，一把给你按在演播室的椅子上，扔给你一叠稿件，然后说'NBC 的新闻主播汤姆·布洛考（Tom Brokaw）病了，你上'，跟着聚光灯亮起来。你接下来该怎么做？"

我告诉他们，我肯定实实在在有一说一。我看着镜头说："我正走在国家广播公司的新闻演播厅里，有人过来抓我的差，塞给我一叠稿子，然后说'NBC 的新闻主播汤姆·布洛考病了，你上'。"

当我这样做的时候，所有观众马上就会知道我从来没有播过新闻，我不知道接下来要做些什么，既不熟悉播报内容也不清楚该看哪个镜头——这样一来观众就被我争取到了同一阵营，我们都是一条船上的人，他们知道我以诚相待，以心相交，我也会竭尽全力把节目做好。

我不仅成功地向他们传达了我正在做的事情，而且也让他们看到了我进退两难的尴尬处境，这样我在他们那里留有的印象远胜过假话连篇搪塞应付。或者，如果我对这份突如其来的工作竟拿捏得炉火纯青，完成得无懈可击，也必定是出于同样的原因——我能够心怀诚意，对观众畅所欲言。我想让这些在我的经历中留下浓重的一笔。

三、条条大路通罗马

端正的态度也是成为一名出类拔萃的谈话者必须具备的另一个基本特质。这里所说的态度端正是指，即便刚开始觉得谈话拘谨扭捏，但是至少有开口去说的意愿。在迈阿密电台那次"翻车"之后，我就学着吃一堑长一智。当我勉为其难克服"麦克风恐惧症"，熬过当天的直播时，我下决心要完成两件事：

一是谈话时要恰如其分。

二是努力提高自己的说话能力。

我为达成这个目标竭尽所能。我做了早间节目主播，同时兼职播报天气预报。我临时客串午间体育记者，还尝试过商务报道、主持新闻、发表演讲。如果有人生病或想请一天假，我会主动代班。我抓住一切契机，尽可能多地为自己争取在节目中说话的机会。我的目标是在主持节目时收放自如并成为一名出色的播音员，因此我告诉自己，现在我所做的和自愿加码训练击球的泰德·威廉斯如出一辙。

你也可以像练习棒球一样让自己变得更健谈，除了求助于口才演讲等相关书籍，以及当下流行的脱口秀电视节目，你还可以做很多事情去提升自己的说话能力。你可以在房间里或公寓周边大声自言自语。我就是这么做的。虽不是经常如此，但是时不时练一练。我一人独居，所以我有时会即兴说上几句，或者把晚些时候即将发表的演说或者某档节目中的串词温习一遍。周围没有其他人，我也不会因此感到尴尬。即使你不是一个人住，你也可以这么练习。你可以把自己关在房间里，或者去地下室里练，开车时也是个不错的机会。而且这些都是简单易学、立竿见影的训练法。

你还可以站在镜子前面，对着镜子里的自己说话。这个方法最为人所熟知，尤其适用于那些想要锻炼自己在公开场合讲话的人，对日常沟通也同样行之有效。这有助于你培养自己与他人交谈时恰到好处的眼神交流，因为当你对镜练习时会自然而然地望向镜中的自己。

第 1 章
谈话入门

再教你一招吧,不过你听了之后别叫穿白大褂的还有收网的人带走我,这招就是和你家的猫、狗、鸟、鱼说说话。跟宠物说话是训练自己与人交谈的好办法,而且你不必担心会被反驳或者被打断。

当然,想要成为一个侃侃而谈的人,除了愿意为此付出努力,至少还要具备两种特质:一是对他人表达诚意,二是向他们敞开心扉。

我相信,收看 CNN 晚间脱口秀节目的观众都能看出我对嘉宾的诚意。我在访谈时都会直视对方的眼睛(没能做到这一点是许多人前功尽弃的原因,我们将在随后的章节讨论这个问题),同时坐在椅子上的我身体前倾,向他们提问。

我尊重节目中的每一位嘉宾,无论他们是总统、名人堂运动员,还是《大青蛙布偶秀》里的科米蛙(Kermit the Frog)和猪小姐(Miss Piggy),说真的,它们也确实上过我的节目。如果对方认为你对他们所说的内容不感兴趣,或者感到你对他们没有应有的尊重,那么你们之间的对话不可能达到理想的效果。

我记得美国幽默大师威尔·罗杰斯(Will Rogers)说过:"术业有专攻,每个人都会遇到盲点。"无论你是上班路上和一个人聊天,还是在千万观众面前与嘉宾交流,都要记住这句话。这句话的言外之意就是,每个人都是某个领域的专家,而且至少有一个能畅所欲言的话题。

要学会尊重他人之所长。对方能够感受到你是否心怀诚意。如果他们发觉你确实以礼相待,就会在你说话时更加聚精会神地听。如果他们觉察出你态度敷衍,那么无论你说什么或做什么都无法重新赢回对方的注意力。

　　成功的秘诀还有另一个法则，就是在与他人交谈时一定要敞开心扉，正如我第一天直播早间新闻时与听众坦诚相见才克服了备受煎熬的"麦克风恐惧症"。"己所不欲，勿施于人。"这条金科玉律用在谈话中是最合适不过了。如果你希望对方和你同在一个频道，就应该对他们开诚布公。

　　然而，这并不意味着你要不停地拿自己说事，甚至爆料个人隐私。事实上，恰恰相反。试想一下，你是否真心想知道"你周围哪层哪户邻居患上胆结石"这种八卦？或者"你同事和她婆婆怎么过的周末"？你不一定感兴趣，所以别拿自己的事作为谈话边角料。

　　与此同时，你应该坦诚地与对方分享你所知道的信息。当你向他人发问时，你应该告诉对方你对这个问题的理解度、好恶与否，这是沟通互动的一个重要环节，也是人们互相认识了解的方式。

　　曾主持过电视真人秀节目《百万富翁》（*Who Wants to Be a Millonaire*）的里吉斯·菲尔宾（Regis Philbin）和他的女搭档凯恩·李·吉斯德（Kathie Lee Gifford）就为好口才的展示提供了鲜活的形象，他们在节目中展现出了各自对嘉宾的真诚。他们能轻而易举、自然而然地走进对话者的世界，而且他们不怕暴露自己的品位，也不怕与别人分享自己的故事。并且他们不会让自己成为对话的"C位"，他们知道自己所扮演的角色，也不会虚情假意。如果他们讲述的故事是悲伤的，或者嘉宾营造出伤感的氛围或其他某种情绪，他们也并不羞于表达自己的真情实感。里吉斯和凯恩·李显然深知，如果节目进展到一个令人动容的或伤感

第1章
谈话入门

的或恐惧的时刻,无论故事或者嘉宾是否牵涉其中,流露出多愁善感的一面总归是没错的。现场和电视机前的观众也都能对他们的直率真诚以及推心置腹的交流产生共鸣。

任何与我聊过天的人都会了解至少两件关于我的事情:其一,我来自布鲁克林;其二,我是犹太人。

他们怎么会知道我的这些情况?因为我会把自己的背景分享给每一个与我接触的人。这些只是深植我灵魂深处的冰山一角。我以自己的故乡和出身为骄傲。因此,我和很多人谈话时经常提及这些,我喜欢与别人分享这些。

如果我说话结巴,我也愿意与对谈者分享这些:"很——高——高——高兴见——见——见到你,我——我——我的名字叫拉里·金,我有口——口——口吃的毛病,但我很高兴能跟你聊天。"

现在你已经把你的情况公之于众了。你不必再害怕和别人交谈,因为你刚刚已经告之他你的情况,要是你不说的话,他不一会儿也能觉察出来。你把话说在前头,沟通时就少了几分无谓的虚伪做作。这样的话,双方也将会沉浸其中,享受畅所欲言的对话。虽然这种操作不能治愈你的口吃,但能助你一臂之力成为一个能说会道的人,与此同时赢得潜在聊天对象的尊重。

西部乡村歌手梅尔·蒂利斯(Mel Tillis)就为这一方法提供了生动的例子。尽管他口吃,却不影响他走上歌唱生涯的巅峰,而且作为采访嘉宾的他尽显人格魅力。他唱歌时不会结巴,但一说话就露馅了。然而梅尔并没有因此感到困扰,反而开诚布公把话说在前头,还开启了"自黑"模式,他那全然放松坦然的状态同样也会感染到谈话者。

  我在佛罗里达的电视节目中曾采访过一位嘉宾,他患有先天性唇裂(俗称"兔唇"),说话时有些含混不清。但他很高兴能上我的节目聊聊他自己。尽管"兔唇"被有些人视为一种缺陷,但这并不妨碍他成为一位百万富翁。猜猜他是如何跻身百万级俱乐部的?是从推销员一点一点起家的。但他在和任何人沟通交流时,并不刻意掩饰他"说话滑稽"这个显而易见的特点。他之所以成功,是他会调整自己的状态,并让别人适应他的节奏。

第 2 章
打破僵局

与陌生人交谈的秘诀

- ♥ 双方要克服社恐
- ♥ 有意思的开场白
- ♥ 回避是非选择题
- ♥ 倾听
- ♥ 适当的肢体语言
- ♥ 切忌直言不讳

无论是在社交场合还是在职场中，与人交谈要做的第一件事，就是让大家都处在一种轻松的氛围中。我们大多数人天生胆小，相信我，扭扭捏捏那感觉我可再熟悉不过了。一个来自布鲁克林，戴着眼镜的犹太小孩也懂得害羞。当我们和从未谋面的陌生人交谈或头一回在公开场合讲话时，多少都会感到紧张，至少有点不安。

我发现克服害羞的最好方法就是用这句老话提醒自己："和你说话的人不过是个碌碌无为的家伙。"这当然是句揶揄话，但也不乏真理蕴含在其中，要不然也不会流传至今。

这句老话一针见血地点明了"我们都是凡人"。因此，不管你的谈话对象是一位拥有4个学位的大学教授，还是在太空中以每小时18000英里速度飞行的宇航员，抑或是你所在州任上的官员，都不代表着你跟他们分属两个世界，没有共同的话题。

永远记住这一点：如果与你交谈的人观察到你沉浸其中，无论你将自己视为与他们平等与否，他们都会更加畅所欲言。

别忘了我们大多数人都有着差不多的成长轨迹。我们中间很少有人生来就是"富二代""官二代"，除非你出生在肯尼迪或洛克菲勒家族，抑或是凤毛麟角的精英阶层。我们大多数人最初都是中低收入家庭的孩子，靠做兼职交大学学费，或者打零工应付事业刚起步时捉襟见肘的尴尬，而且和我们谈话的人很可能也有过相似的经历。也许我们不像他们那样名利双收，但或许我们

第2章
打破僵局

所在的领域他们也难以企及，但是我们可能有着相似的背景，因此我们可以像兄弟姐妹一样交流起来。你不必站在那里自惭形秽或惶恐不安，事实上你们之间不相上下。

如果你将交谈对象想象成一位可能和你一样有社恐的人，将有助于你克服害羞心理。我们大多数人都是如此。提醒自己认识到这一点将对你摆脱社恐产生意想不到的效果。

有时你会遇到一个比你更害羞的人。我还清楚地记得采访一位"王牌飞行员"的事。

只要在"二战"中击落5架以上敌机的空军飞行员都会获得"王牌飞行员"（Ace）的称号。国际上还为这类飞行员设立了一个简称为"王牌部队"（Aces）的社会组织，其分支机构不仅设立在美国各州，还遍布德国、日本、越南等多个国家。

20世纪60年代末，来自世界各地的"王牌飞行员"汇聚在迈阿密，当时的我正在美国相互广播公司旗下WIOD电台主持一档夜间脱口秀节目。《迈阿密先驱报》找到了唯一一位住在迈阿密的"王牌飞行员"，这位曾在"二战"中击落7架德国战机的飞行员已经转型成为一名股票分析师。报社电话联系上我的制片人，建议我们为他做一期节目，并答应将他的访问刊登在专题报道中。因此，我们把这名"王牌飞行员"定为节目嘉宾，采访从深夜11点开始直至午夜，整整一个小时。报社说会安排一名记者和一名摄影师陪同拍摄。

当我们的嘉宾走进演播室，我和他握手时发现他手心全是汗。他打招呼时，我几乎听不到他的声音。看得出，他很紧张。紧张？天啊！这家伙根本不适合驾驭飞机这样的庞然大物啊！

在 5 分钟的网络新闻之后,我的脱口秀访问在晚间 11 点过 5 分亮相,在简单介绍了这位"王牌飞行员"的背景后,我提出了第一个问题:

"你为什么自愿报名当一名飞行员?"

"我也不知道。"

"好吧,很明显,你喜欢飞行。"

"是的。"

"你知道自己为什么喜欢飞行吗?"

"不知道。"

接着我又问了几个问题,他的回答无外乎"是""不是""不知道"这三个词或者更简单的只言片语。

我抬头看了看演播室的时钟,才 11 点 7 分,准备的材料都问完了,我已经对这家伙无话可说了。他如坐针毡,紧张得要命。报社派来的陪同人员在一旁也感到尴尬。我自己整个人都不好了。在场的每个人都有着同样的顾虑:我们该怎么办?节目离结束还有 50 多分钟呢,迈阿密各地的听众分分钟都有可能换台。

我又一次跟着自己的感觉走。我问他:"如果头顶上有 5 架敌机,而刚好电台后身停着一架飞机,你会上去吗?"

"会。"

"你会紧张吗?"

"不会。"

"那你现在为什么紧张?"

他回答:"因为我不知道谁在收听这个节目。"

然后我追问他:"所以你的恐惧来自未知的对象?"

第 2 章
打破僵局

接下来我们抛开他的飞行生涯不谈，转而说起他的恐惧。他的紧张不安一下就抛到九霄云外去了。事实上 10 分钟以后，他就像变了个人，好像从前那个所向披靡的他又回到了属于自己的主场。那就聊聊与飞行有关的故事吧！没问题！他心潮澎湃地说着："我的飞机穿过云层，突然向右急转弯，阳光在机翼上闪闪发光……"

节目在午夜时分结束，工作人员不得不把他请出来，然而直到临走他还在不停地说着。

经历过"二战"的"王牌飞行员"克服了他的恐惧感，打开了话匣子，他沉浸其中并渐渐习惯了自己的声音。一开始我们在谈论他的过去，他不知道我要问什么，不知道报纸采访会问些什么，所以他很害怕。

然而，当我们开始谈论当下的事情时，他就没什么好怕的了。他谈论着演播室里正在发生的事情，解释他自我的感受。当他身临其境时，紧张感就消失了，他的自信心也恢复到了常态。当我意识到这一点时，就尽可能和他聊聊过去的事情。

你也可以用同样的技巧来打破第一次对话时的僵局。有什么诀窍？避繁就简——让他们怎么舒服怎么来。和他们叙叙家常，问一些关于他们自己的事情，你们之间就有话题可聊了，你的对话伙伴也会觉得你是一个有着迷人魅力的健谈者。为什么？因为人们都喜欢聊和自己有关的家常。

这可不是我的一家之言。英国前首相、政治家、小说家本杰明·迪斯雷利（Benjamin Disraeli）也曾给出过同样的建议："和人们聊他们自己的事，说上几个小时，他们都不会烦。"

一、开场白

任何话题都可以用作开场白,无论你是参加聚会还是出席晚宴,初入职场还是和新邻居碰面,100万种不同的环境中的任何一种。

在1994年冬季奥运会期间,除非你的谈话对象刚从火星回来,不然你可以和他聊聊花滑选手托尼亚·哈丁(Tonya Harding)雇人袭击竞争对手"冰上女王"南希·克里根(Nancy Kerrigan)的作弊丑闻。马克·吐温(Mark Twain)曾经抱怨,每个人都在谈论天气,但却没人对此采取任何行动。但事实是,天气永远是一个屡试不爽、绝对安全的开场白,尤其是在你对谈话对象一无所知的情况下。比如,中西部的洪水,西海岸的地震、森林火灾、泥石流以及东部的冰雪,其中就有很多可以聊的话题。

孩子和宠物也有不少话题,但有些人显然对宠物无感,写作与表演的双料天才W. C. 菲尔兹(W.C.Fields)说过,"把反感小孩、讨厌动物的人都看作坏人,这样一竿子打死一船人的观点并不科学。"现实中大多数人还是喜欢小孩和动物的,而且他们还渴望能有自己的小孩,也会养宠物。即使菲尔兹本人也会认同,如果你知道对方有孩子或宠物,你完全可以甩掉顾虑和戒备,和他们大聊特聊起来。

曾有人批评美国副总统阿尔·戈尔(Al Gore)过于拘谨呆板,上电视时俨然像个"木头人",但我从来没有过这样的感觉。即使他真的像别人说的那样沉默寡言,但如果说起巴尔的摩金莺队,

第 2 章
打破僵局

或是聊到他父亲担任田纳西州参议员期间他在华盛顿圣奥尔本斯的青葱岁月，你也会发现他热情活泼、生龙活虎的一面。谈起他的孩子时，你还会看到一个非常温情、有人情味的阿尔·戈尔。

这些话题中的任何一个都能保证和这位副总统对话有一个不错的开始。他自然有很多政治话题可以侃侃而谈，但真正让他敞开心扉的，还是那些与他个人最为密切相关的事情。对其他人来说也是如此。

如果你去参加一个聚会，那么派对本身往往就是可以当作话题的切入点。当朋友们为庆祝我 60 岁生日举办派对时，别具匠心以"20 世纪 40 年代的布鲁克林风情"为主题，还打趣地美其名曰"拉里·金 10 岁生日的 50 周年庆"。那天晚上的许多对话都是从道奇棒球队、康尼岛以及其他怀旧主题展开的。有时候，你所在的环境也可以当作一个话茬。那晚上的生日聚会就是在白宫对面那座历史悠久的耿卡特之屋（Decatur House）举行的，当天对这个地方的讨论也不绝于耳。

如果聚会在某人的家里或办公室里举办，那里摆设的家什或者纪念品很可能成为主人兴高采烈的谈资。如果那里摆着一张他在莫斯科红场拍的照片，可以顺便问问他的俄罗斯之行有何感受；如果看到墙上有一幅蜡笔画，不妨问问这是出于他哪个孩子或者孙辈之手。

二、切忌以是非题发问

是非题简直就是畅所欲言的大忌。对方基于这种问题的回答只有一两个词：

"天气这么热是不是太让人心烦意乱了？"

"你觉不觉得我们会再次陷入经济滑坡？"

"你看没看出来红人队（Redshins）下个赛季又没戏了？"

这些都是合情合理、有代入感的话题，但如果你简而化之以"是"或"不是"来发问，那你得到的回答也只局限于"是"或"不是"。话题终结，也许谈话就到此为止了。

但如果你换一种能得到更实质回答的方式提问，对方就会反馈一个更为宽泛的答案，那么谈话就会继续下去。这样的聊天就会与众不同，例如：

"夏日气温连年攀升，肯定和全球变暖有关系。你怎么看呢？"

"今年股市遭遇巨大动荡，不得不对经济状况心生隐忧，今年能不能像我们期待的那样平稳过渡。你认为我们再次陷入经济滑坡的可能性有多大？"

"自从搬到华盛顿，我一直是红人队的忠实球迷，但不得不说他们有必要重整旗鼓，而且对牛仔队不能轻敌。你觉得红人队今年翻红的概率有多大？"

如果你这么问的话，和你交谈的人就不可能只附和一两个词敷衍了事。事实上，第二组的三个问题和第一组的话题探讨的内容完全相同,然而第一组的问题只会得到"是"或"不是"的回答,而第二组却能让对方不假思索地多说两句,信息量更多的这组对话显然更有意义。

谈话的第一法则:倾听

在我心目中,谈话的第一法则就是倾听,因为我不可能在我说的话里学到任何东西。我每天早上都能清醒地意识到,我不可能受教于今天所说出的任何一句话,因此如果我今天想要学到很多东西,必须通过倾听来实现。

这听上去是心知肚明的情理,但你每天还是会碰到形形色色完全不会倾听的人。你告诉家人或朋友飞机将在 8 点到达,话音未落他们会问:"你方才说你的飞机什么时候到?"粗算一下你听到多少次有人这么说:"我忘了你告诉过我。"

如果你不能耐心听别人说话,也别指望别人会认真听你说话。我想起在小镇或农村乡下的铁路交叉口看到的"停一停,看一看,听一听"的指示牌。让与你交谈的人知道你对他们说的话感兴趣,他们也会抱以同样的热情。

要想成为一个好的谈话者,你必须做一个好的倾听者。这不仅仅是对你的对话伙伴表现出兴趣。当轮到你时,悉心倾听会让你更好地做出回应,才有可能成为一个健谈的人。后续能接二连三引出更有信息量的问题,是口才出众者最显而易见的特征。

当我看芭芭拉·沃尔特(Barbara Walter)的谈话节目时,我经常感到失望，因为我认为她提了太多"那又怎样"的问题，比如，"如果人生重来一次，你又会怎么做？"在我看来，如果芭芭拉少问一些琐碎无聊的问题，耐心听完并理解了采访者所说的话，再基于他们的回答进行逻辑延伸，并跟进后续的问题，节目效果定会锦上添花。这些都得益于倾听。

曾斩获过几十项艾美奖的美国金牌主持人特德·科佩尔（Ted Koppel）在《时代》（Time）杂志上说的一番话令我欣喜万分，"拉里悉心倾听嘉宾的谈话，洞悉他们所说的言外之音，很少有脱口秀主持人会做到这一点"。现在的我尽管以"能说会道"的电视形象为人所知，但我认为自己的成功首要归功于倾听。

当我在直播中采访嘉宾时，我会提前写下向他们提出的问题。但我经常会从嘉宾的回答中听到一些可以从中扩展来谈的内容，引导我提出意想不到的问题，从而得到出人意料的答案。

我印象中有个例子：1992年美国总统竞选期间，时任副总统的丹·奎尔（Dan Quayle）作为我的嘉宾接受了访问，我们谈到了有关堕胎的法律。奎尔说，如果他女儿缺课一天，学校要征得他和他太太的同意，但如果是她堕胎就不会过问家人，这一点都不合理。经他这么一说，激起了我对奎尔在这个政治话题上的个人视角的好奇。所以我问他，如果他女儿要去堕胎，他会是什么态度。奎尔说会支持女儿所作出的决定。

奎尔的回答一石激起千层浪，成了当时的爆炸性新闻。堕胎可谓是那次竞选中的一个白热化议题，而作为布什总统的竞选伙伴，也是共和党保守派坚决反对堕胎的代言人，奎尔却突然说如果女儿决定堕胎，他会举双手支持。

第 2 章
打破僵局

　　不管你对这个问题的看法如何，关键是我从奎尔那里得到了回应，因为我不只是按问题清单挨个提问。我注意听他所说的一字一句，正因如此才引领我找到了颇具新闻价值的答案。

　　同样的事情也发生在 1992 年 2 月 20 日，总统候选人、最大独立计算机服务公司 EDS 创始人罗斯·佩罗（Ross Perot）以嘉宾身份到访节目现场，他多次否认自己对参与竞选感兴趣。但我一直在听，他说自己不想参加竞选的意愿并不是那么的坚决，当节目临近尾声时，我换了个方式提问，结果，砰！又制造出一起爆炸性新闻。佩罗说，如果他的拥趸成功将他的名字登记在所有 50 个州的选票上，他就会参选。

　　所有这一切的发生不是因为我说了什么，而是因为我听到了什么。我始终都在听他说了什么。

　　老派畅销作家、专栏作者吉姆·毕晓普（Jim Bishop）和我一样，也是长住迈阿密的纽约人。他曾经告诉我，他最不能忍受的一件事就是那种问你近况如何却根本不在乎对方说了什么的人。有一个人老是在这个问题上重蹈覆辙，因此吉姆决定试试这家伙在倾听他人说话上的耐心到底有多差。

　　一天早上，那个人给吉姆打电话，和往常一样打招呼："吉姆，你好吗？"

　　吉姆回应道："我得了肺癌！"

　　"不错啊！我说，吉姆……"

　　吉姆的想法得到了印证，那个人确实没在听他说话。

　　戴尔·卡耐基（Dale Carnegie）在他那本全球销量过亿的畅销书《人性的弱点》（*How to Win Friends and Influence People*）

中系统地阐述了这一点，"想成为有趣的人，就要先对他人拥有浓厚的兴趣"。

他还说："提一些让别人乐意回答的问题，鼓励他们聊聊自己，以及他们获得的成就和肯定。切记与你交谈的人们对你和你的问题的兴趣，远不及他们对自身及其所需的关注。一个人牙痛在他看来要比整个国家饥荒饿殍满道更迫在眉睫。一个人脖子上长疖子比非洲发生 40 次地震更让他在意。下次跟别人聊天时先想想这些。"

四、肢体语言

你能在多大程度上读懂肢体语言，这个问题至今仍无定论，而且也会永远如此。美国有位逢战必胜的金牌律师爱德华·班尼特·威廉斯（Edward Bennett Williams）告诉我他觉得这个问题被高估了。然而他的同行路易斯·奈泽（Louis Nizer）恰恰有着相反的意见：如果你说话时跷着二郎腿，就是在说谎；如果你双手交叉抱臂，意味着感觉不爽。他从你的肢体语言中解读出各种信息，然后根据此准备辩词，以便法官和陪审团从他当事人的肢体语言中得到奈泽希望他们了解的信息。

对我来说，肢体语言就像口头语言一样，都是交流沟通中必不可少的一部分。当肢体语言自然而然流露出来的时候，非常有助于意思的表达；如果这种肢体语言刻意为之，就会给人留下虚伪的印象。

如果能拥有一副英国演员劳伦斯·奥利弗（Lawrence Olivier）那样的完美声线就再好不过了。但要是我明天上节目时模仿他在皇家莎士比亚剧团（Royal Shakespeare Company）表演时的嗓音，肯定会被观众笑掉大牙。照这么做，我就会把更多的注意力放在下一句话的发声上，如此一来这场对话会惨不忍睹。

肢体语言也是如此。你可以博览群书让自己的话语更具说服力，或者侃侃而谈时听来更有意思，但如果你摆出一副对你来说不自然的姿势，往好了说你会感到不舒服，往坏了说你会觉得滑稽可笑。如果你感到如坐针毡、如芒在背，别人会觉得你看起来不真诚，即便事实上你并非如此。你说话时使用的肢体语言就像说话本身一样，自然放松，发自内心才能真诚表达。

五、眼神交流

我从来没有刻意去研究过肢体语言，所以我也不会假装自己是这方面的专家。但是有一条能确保沟通顺利的身体语言规则是你必须遵循的，那就是眼神交流。

保持适时适度的眼神交流不仅适用于开场及尾声，而且应该贯穿谈话和倾听的全过程。无论你身处何方、何种场合以及谈话对象是谁，眼神交流都会助你一臂之力。我在交谈时，身体也会向对方微微前倾，以强调我对他们的关注。

正如我之前说过的，关键在于倾听。如果你真的想听对方说了什么，你会发现如果看着对方的脸会自然得多。事实上，如果你聚精会神仔细聆听，很多恰如其分的肢体语言就会自然而然表露出来。当你对某个话题和某个人感兴趣时，你会点头表示认同，当你对某件事深表同情或难以置信时，你会微微摇头。然而还是那句话，在感觉恰如其分的时候才可以如此行事，别因为你读了这本书就摇头晃脑。

关于这个话题还有一点需要注意：谈话过程中时不时的眼神交流虽然至关重要，但不需要自始至终一直盯着对方的眼睛看。这会让包括你在内的所有人感到忐忑不安。当对方说话或者你提问的时候，应该保持眼神交流。如果你在说话的时候，你可以时不时将目光从对方身上移开。但如果发愣出神，给人感觉就像目空一切一样。如果你参加一个聚会，眼神尽量不要越过对方的肩膀飘忽不定，好像你在寻找更重要的谈话对象似的。

一言以蔽之，我在眼神交流这个问题上的基本建议是，把你的注意力放在谈话内容上，肢体语言就会顺其自然随之而来。

六、所有的禁忌都烟消云散了吗？

如今的我们不必像过去几十年前老一辈人那样对禁忌提心吊胆了。"禁忌"这个词也很少被提及，因为流传至今的禁忌已经不多了。在电影、书籍、电视里，甚至全家人都会翻阅的报纸上，几乎找不到设限的话题，以至于音乐家科尔·波特（Cole Porter）有足够丰富的素材为他20世纪20年代的作品《百无禁忌》（*Anything Goes*）创作一套全新的歌词。

第2章
打破僵局

禁忌的烟消云散要追溯到"二战"后人类普遍放纵不羁的滥觞，而且在20世纪六七十年代有愈演愈烈之势。另一个原因来自我家后院的有线电视所传达的影像。如果波特目睹到有线电视里上演的某些节目一定难以置信。

也许你赞同这些禁忌之墙的倒塌，也许你并不苟同，但20世纪90年代的美国社会确实有过"几乎百无禁忌"的生活准则，而且每天都在上演。也正是出于此，社交谈话中虽然还存在一定的禁忌，但表达方式却今非昔比。

"不是"（ain't）这个说法在过去是犯忌的。我们小时候每当脱口而出这个词，都少不了挨一顿骂。大人们气急败坏地数落我们："字典里根本没有这个词。"不过，现在字典里收录了这个词。《韦氏新世界字典》（Webster's New World Dictionary）将ain't解释为口语的"不是"，意思等同于 am not，也是 is not，are not，has not，have not 的方言或非正式缩写。

电影《乱世佳人》（Gone With The Wind）里克拉克·盖博（Clark Gable）饰演的白瑞德（Rhett Butler）对费雯·丽（Vivien Leigh）饰演的斯佳丽·奥哈拉（Scarlett O'Hara）说："坦白地说，亲爱的，我他妈的一点也不在乎。"当时我们听到大为震惊，甚至觉得这些"脏话"难以入耳。我还记得珍珠港事件后的第二天，我们和小伙伴们站在布鲁克林的街角，学着蒙大拿州参议员伯顿·惠勒（Burton Wheeler）抨击日本人时的激昂陈词："现在唯一能做的就是把他们打得屁滚尿流！"

1994年初发生在美国弗吉尼亚的罗瑞娜（Lorena Bobbitt）阉夫案曝光，导致媒体人和广播员隐晦提及男性生殖器官，至少几年前类似大尺度的讨论还没有在男女老少会聚一堂的公开场合堂而皇之地出现过，甚至是新闻媒体避之不及的话题。在案件的审判中，这个词不断在专业语境中被提及，但改变不了这种说法长久以来在故事中销声匿迹的事实。以前除非你勾搭上街角的小混混，否则"避孕套"这样的词不会脱口而出，而今却在电视广告里随处可见。

关于禁忌话题日渐式微，聊天中犯忌讳的字眼也是如此。过去在家里羞于探讨的话题，现在广播和电视脱口秀节目里大肆宣扬，这与禁忌锐减不无关系。过去有句老话："我从不讨论宗教信仰和政治。"你上次听到别人这么说是多久以前？还有人讨论这些话题吗？而今我们在这些话题上各抒己见，滔滔不绝。

尽管如此，仍然有一些最好避开的话题，因为这些讨论太过私人化，抑或是人们一讨论这些就情绪激动，嘴没把门的。即使在开诚布公的谈话中，你也不会问别人："这么看来，你的薪水有多少？"如果你向一个不太熟的人询问"您对堕胎有何看法"，无异于向对方扔了一颗手榴弹。

你必须考虑清楚你们之间有多熟，以此来决定你是否可以打破这些禁忌。你甚至可以和好友聊起自己的薪水，在一群彼此相识多年的老友中，坦言自己对堕胎的看法并发起颇具启发意义的讨论。总的来说，还是要谨慎为之。不要以禁忌话题在对方危险的边缘试探。

随时待命、保持消息灵通是当代行业文化中最基本的素质。20世纪下半叶通信技术的迅猛发展对信息传播产生了深远的影响，其中之一就是这个世界正在发生的事情每分每秒都在刷新着人们的认知。"二战"前,社交谈话不像今天这样话题层出不穷,原因可想而知,那时的人们从新闻和公众舆论那里得到的资讯远不如现在日新月异,而且得知消息颇费周折,事倍功半。而今人们可能只从晚间新闻里的寥寥数语就能了解到柏林墙倒塌,南希·克里根(Nancy Kerrigan)被人暗算小腿遭受重创,以及流行音乐家弗兰克·辛纳屈(Frank Sinatra)在舞台上当场晕倒……人们得知这样的消息无关乎文化层次,一传十,十传百,以迅雷不及掩耳之势成为众人皆知的热点事件。

要想练就口吐莲花、语惊四座的本事,就要私下多做功课了解人们感兴趣和关心的话题,也许就是他们在广播和晚间新闻中刚刚得知的话题。现如今,你要尽可能想办法把你所说的内容和谈话对象的兴趣点联系起来,而且收音机、报纸、电视都在传达着他们感兴趣的话题,几乎无所不包。

因此,当前社交对话最关键的就是契合度。

第 3 章
社交谈话

各种场合的谈话技巧
- 鸡尾酒会、晚宴、婚礼、葬礼
- 提问的绝佳通用模板
- 从尬聊中全身而退
- 如何控制谈话节奏
- 如何与社会名流沟通

谈话社交场所的规模大小不等，小到三五好友舒适惬意的聚餐，大到像华盛顿鸡尾酒会那样令人生畏的派对，或介于两者之间类似婚礼、成年礼之类的活动。社交场合有所不同，谈话的原则如出一辙：真心诚意，开诚布公。找一个你和谈话伙伴共同的兴趣点，而且永远记得保持倾听状态。

一、鸡尾酒会

　　鸡尾酒会对我来说是个艰巨的挑战。我最喜欢一对一的交谈，所以当我置身于一屋子嘈杂不堪的人群时，确实有点无法招架。我不喝酒，也没那么爱喝饮料，所以我也没法手拿杯子，把它当作助推社交的道具。而且我比较喜欢双手交叉抱臂在胸前，这对我来说是很放松的状态，却给人留下不好相处的印象。

　　这时候千万别被人多的阵势吓到，反倒可以找个人单独谈谈。我试图选一个适合自己的位置，挑一个看起来机敏，而且对正在发生的一切感到兴致勃勃的人聊聊，或者小心翼翼地加入那些正在畅聊的、听起来有意思的对话中。

　　在这种情形之下有个诀窍就是，不要在同一个地方停留太久。如果你想在鸡尾酒会上表现一下自己，成为众人瞩目的焦点，那么人际交往就是必不可少的。一般来说，参加聚会的大多是你的熟人，如你的邻居、同事或者同行，和这些人在一起聊天，你们应该会有很多可聊的共同话题。

二、提问的绝佳通用模板

请记住，提问是顺利沟通的秘诀。我对一切充满了好奇，如果我参加鸡尾酒会，经常会向对方提出一个我最喜欢的问题："为什么？"如果一个人告诉我，他和家人要搬到另一个城市，我会问他："为什么？"如果有位女士跟我说她换了份工作，我也会问："为什么？"有人力挺纽约大都会棒球队（New York Mets），我同样会问一句："为什么？"

相较于其他主持人，这个词在我的电视节目中出现得相对频繁，这是有史以来提问的绝佳通用模板，而且永远都是个不错的问题。无疑也是保持谈话生动有趣最行之有效的方法。

三、如何从尬聊中脱身

如果你遇到一个无聊透顶的人，或者只是觉得是时候结束一场冗长啰唆的尬聊，换个谈话对象的时候，总有一个方法可以确保你从沟通这场硬仗中全身而退："对不起。我得去趟洗手间。"如果你的语气很迫切，没有人会因为你的离开而感到不快。当你再回来的时候，你大可换个对象开启新的对话。

或许，如果你发现附近正好有你认识的熟人，你可以说："史黛西！你见过比尔吗？"趁史黛西和比尔握手的空档，你可以说："我一会儿就回来，但我知道你俩会有很多话要说。"在人头攒动的鸡尾酒会上，如果你不马上回来，他们也不会感到惊讶。当然，如果你起先碰到的谈话伙伴是个无聊绝顶的人，史黛西可能一时半会不会原谅你，所以使用这个技巧时还是谨慎为上。

还有一些可以一试的脱身术：

"这东西挺好吃，我再去取点……"

"失陪一下，我去和主人打个招呼。"（或者"……我要去和一个好久没见的朋友打个招呼"）

"那个什么，我想四处看看，找其他人聊聊。"

重要的是，不要把你从尬聊中的脱身搞得过于明显。切记最好别事先在房间里来回扫视，也不要向大家对你的离开表现得太过歉意。只要先稍作停歇，客套一下，然后就可以很自然地走开了。你可以简而言之，"很高兴能和你聊聊"，只要让别人听上去好像你真的聊得很爽，而后转身离开，就已经很有风度了。

四、小型聚会

在小型聚会上和别人攀谈对我来说相对轻而易举。我想许多人会和我一样深有同感。总而言之，这种规模的聚会来宾都相互熟识或至少有些共同之处，在这种形势下，你在跟别人聊天时尽可以使出浑身解数，在谈论话题和技巧上见招拆招，没准一不小心就占据了社交C位。

在这种场合,我喜欢一切尽在掌控的感觉。这并不意味着我在餐桌上霸占着说话权,恰恰相反,我觉得这样我就可以控制聊天的节奏和话题的走向,一切进度按我的节奏来,谈及我感兴趣的主题,每位参与谈话的来宾都有参与感,让他们乐在其中,尽兴而归。我必须找到一个大家都感兴趣的话题,让围坐在我附近的人都能有的可聊。特别是在这种场合,倾听每个人的意见就显得尤为重要。

即使如此,还是有一些事情是你无法控制的。比如,有人过来聚会之前就喝多了,或者有人当天上班累得半死,甚至还有家里有重病号的朋友,根本心不在焉。最恰如其分的是,你尽量把话题从这些人身上移开,让其他人多说话。如果你能找到一些轻松的话题,让他们暂时把各自的烦恼抛到九霄云外,那就更好了。

除了上述这些特例,我总能绞尽脑汁带动气氛,令聚会中在场的各位其乐融融,玩得开心。

五、如何控制谈话节奏

如何控制谈话节奏是一种技巧,这有赖于多年来在职场中的磨炼。但即使你不是一名靠嘴吃饭的说客,你也可以将这些用于谈话中。建议如下。

（一）选择一个让每个人都有参与感的话题

我会以更多的假设问题切入谈话，这样的话，几乎所有的客人都会说出自己的看法。与那些动辄就拿政治这样沉重的话题开场相比，提个假设性的问题显然要恰到好处得多。

我要尽量避开那些只有一小撮客人才懂的过于专业的话题，不做将非专业人士拒之门外的话题终结者。显而易见的例子就是行话满天飞。如果4对夫妇参加晚宴，其中有4个人在同一家律师事务所工作，当他们开始讨论律所的公事时，对那些不太了解或不太关心这些事情的配偶而言，他们插不上嘴，可怜地被晾在一边，很是尴尬。

（二）征求并听取意见

别一味地自说自话。如果你征求周围人的看法，就会以谈话高手的形象让人记住。美国前国务卿亨利·基辛格（Henry Kissinger）就以广泛征求并听取意见展现出谈话的优势，掌控着沟通的进程和节奏，因为他终其一生都在做这件事，而且成绩斐然、功成名就。在谈论某一话题时，即便自己是这个领域的专家，而且你可以想象他在很多领域都非常有发言权，他还是会转身问问周围的人："你怎么看？"

（三）向团队里的重度社恐者伸出援手

我总会有意识地让自己左右两边的客人都参与到餐桌谈话中来，特别是那些看上去游离在话题之外的人。如果坐在我左边的人表现得腼腆害羞，而我右边的客人却很热情外向，我就会特别关照左边那位，竭力将其带入聊天状态。我向他们点头示意，好像在某个正在进行的话题中寻找彼此的共鸣。我套用基辛格的提问："你怎么看？"那个害羞的人突然打破了沉寂，也加入谈话的行列中。

还有一个办法，就是把谈话切换到你笃定对方会感兴趣的话题上。如果你们谈论教育方面的问题，你可以说："我想起来了，你女儿好像在华盛顿高中上学，她喜欢那里的环境吗？"

（四）切莫独自霸占话题

社交谈话的一大禁忌当属一个人独自霸占话题，口若悬河大说特说，如果这样的话，你在别人那里的印象就会"粉转黑"——从一个颇有天赋的健谈者沦落成啰里啰唆的话痨。就像我们在广播中说的那样，给那些与你交谈的人一个回话的机会，你说多久，同样也给对方等同的时间。你没必要把那些鸡毛蒜皮的事掰开、揉碎了说个没完，这就是人们常说的"长话短说"。你一定遇到过这种情形，当你竖起耳朵以为对方会快刀斩乱麻时，他却背道而驰，长篇大论起来。因此，你说话时就要言简意赅；在座的人越多，就越应该长话短说。

在我看来，"话密"会给听众留下不好的印象，让你在公众那里的形象大打折扣。当局者迷,旁观者清。在别人看来,言多语易失,难免轻诺寡信。相反,你要让别人知道你遵循着演艺界的这番老话:"知道什么时候下台谢幕。"

(五)别刨根问底

无论在招待会、晚宴还是类似的其他场合,和别人交谈时千万要记住,你不是在写书,所以尽量别刨根问底。你不需要挖空心思把你的交谈对象了解得面面俱到,或者尽心竭力去推敲每一个细节。毕竟,你只是短暂地跟他们交流一下,如果是参加晚宴,最多也就几个小时,即使如此,你也不用每时每刻都开口说话。就像你不应该成为一个独自霸占话题的自白者,也不应该成为一个穷追不舍的审讯者。而且过了当晚,也不会再有基于个人信息的问答测验。

另一个走极端的情况可能同样糟糕——惜字如金沉默不语,以至于人们认为你要么笨嘴拙舌不够聪明,要么不爱理人故作清高。

(六)"如果……那么……"

在社交场合开始谈话或者冷场时挑起一个谈话,"如果……那么……"这样的问题是一个不错的开场白:

"如果朝鲜继续阻挠联合国对其核设施的检查,那么会不会再次爆发朝鲜战争?"

第 3 章
社交谈话

"巴里·斯威策（Barry Switzer）现在是达拉斯牛仔队（Dallas Cowboys）的教练，如果他在两年之内还是无法改变现状，那么杰瑞·琼斯（Jerry Jones）会炒了他吗？"

"如果你刚刚在加利福尼亚建了一栋梦寐以求的房子，却被科学家告知你所在的地区处于地震带，那么你会搬家吗？"

诸如此类的假设性问题俯拾即是。你也可以把这些问题中的一个和新闻资讯以及对方当时的所思所想相连。

道德与哲学相关的假设性问题和那些炙手可热的热门话题一样奏效。最好的假设问题往往能激发每个人回答的积极性，不局限于对方的年龄、教育水平和社会地位。

我就常常在晚宴上抛出这些问题：

如果你在一座只有你和你最好的朋友两个人的小岛上，他得了癌症，已经奄奄一息。临终前，他告诉你："我在国内银行存了10万美元。我死后一定要把我儿子送到医学院。"说完他便撒手人寰。但是他的儿子是个不学无术的花花公子，根本没心思上医学院，要是把那笔钱给他，几个月就能挥霍一空。而你自己的儿子就要升入大学了，他满心期待能成为一名医生。这种情况下，你会把钱给谁，送他上医学院？

我曾把这个故事讲给很多人听，从耶鲁大学校长到圣路易斯红雀队的22岁新秀，每一次都能引发一场讨论，无一例外。每个人都直抒己见，而且观点各不相同，听上去都言之有理。有时单单这一个话题就能讨论一整晚。

由世界各地的高智商者组成的国际组织门萨俱乐部（Mensa），其成员由智商金字塔尖上2%最聪明的男性和女性组成。门萨俱乐部热衷于组织成员一起探讨类似这样的假设性问题，最大限度地鼓励他们深入思考，以此在道德层面展开对人类生活的讨论。

以下是他们讨论的两个问题：

矿井坍塌时里面有4个人，他们试图从唯一通往地上的洞口逃生。他们一个踩一个叠罗汉式地往上爬，最上面那人是个胖子。就在他从洞里探出半个身子的时候，他被卡住了。他脚底下的3个人因为缺氧喘不过气来。他们应该把他打死然后顺势拉他下来，还是在他明知下面3人可能快要窒息的情况下，允许他垂死挣扎？谁应该活下来，是胖子还是那3个人？

一个被赋予隐身能力的人是否必须遵守传统道德准则？这就是我当时参加门萨会议，他们正在讨论的议题。很多人说他们会像往常一样遵守行为规则，无论是十诫还是他们自己一直以来遵循的道德准则。但不是所有人都如此表态。有个人说，他会利用自身的隐身优势列席商业谈判，然后进行投资，在股市中大赚一笔。还有人说，他会在赛马骑师身边闲逛，尽可能打探消息，然后下一大笔赌注。其他人不可否认他们自己也会如法炮制出类似的吸金计划。隐身能带给你所向披靡的巨大力量，甚至可以统治整个世界。如果你现在拥有了隐身能力，你会用它做些什么呢？

这两个案例或多或少能让你在哲学相关的假设性问题上有所

启发。而且你完全可以天马行空自由发挥，没必要按图索骥。

如果大家全程热聊相谈甚欢，你也没必要再挑头提假设性的问题。什么人需要用这个办法提升社交氛围？如果谈话陷入拖沓沉闷、无话可说的境地，甚至分分钟进行不下去的时候，你可以适时提一个假设问题来暖场，缓和尴尬局面。

不过也别拿这个问题当万能模板，你的提问可能根本无法引发周围人的共鸣。如果你挑了个不错的话题，这种情况可能不会发生。但是如果这群人刚从修道院里出来，从来没听说过你的话题，抑或你提到的事情关乎他们的切身利益甚至隐私，以至于他们对此有所防备，不方便展开讨论（假设有个人的母亲正困在刚才那个案例里说的那个矿里。那与此相关的谈话字字句句都能戳到他的痛处）。这种时候就别强人所难，尬聊下去了。如果你的假设性问题不能自然而然地引发讨论，就别再勉为其难了。最好的办法是要么换个假设性的问题，要么开启另一个话题。如果还不奏效，那说明这群人纯属废柴，问题本身没毛病。这个时候，你大可拂袖而去，在房间里走走看看，惦摸其他的聊天群，换个话题再说。

（七）注意周围的布置

在招待客人上有一手的主人深谙家居实用美学之道，他们把布置家什当成一种艺术，甚至是一门科学，他们亲自打点每个细节，从花束的配色到家具的摆设，无所不包。我对花花草草不在行，也并非专业室内设计师，但我可以告诉你 CNN 是如何布置《拉里·金现场》的，以及为何如此摆设显得在节目中恰到好处。

超级沟通力
美国传奇主持人拉里·金的说话之道

在华盛顿演播室，我和嘉宾们围坐的桌子是由CNN在亚特兰大的专业人员设计的，旨在营造一种舒适亲切的氛围，而且确实起到了预期的作用。我在片场有这种感觉，大多数嘉宾也是如此。请注意，我们没在桌子上摆花，也没呈现气势恢宏的华盛顿城区景观，而只放一张桌子，并在嘉宾身后挂了一幅地图作为背景。俯看角度带给观众一种宽广开放的视野，这也正是CNN在业内闻名的拍摄手法。这个场景向观众传达了一种戏剧性效果，以及令人兴奋的期待。如果他们沉浸其中就会持续关注这个频道，并在次日晚上东部时间9点再次收看重播。

自1985年我们节目开播以来，这个场景就始终没变过，这期间我们只是将地图扩展开来，增强横扫全球的视觉冲击力。我在纽约用的背景和我们在华盛顿所用背景唯一不同之处在于，前者呈现的是傍晚时分曼哈顿的天际线，其他一切照旧，只是展现的维度略微缩小了一点。

无论我们的嘉宾做客华盛顿还是纽约的直播间，他们都坦言这个场景营造出了似曾相识的亲近感。他们说，这里的环境非常熟悉、惬意。每当有多个嘉宾同时到访我的节目，他们还会聊到坐在一起彼此之间挨得有多近。这种近距离确实在节目中起到了不错的效果，烘托出一种亲密的气氛，给观众一种身临其境公开围观别人私密聊天的感觉。

遗憾的是，你不可能在《拉里·金现场》的节目中召集你所有的亲朋好友办一场聚会，但你至少可以从书中获取一些场景布置的心得和经验。首先，场景不一定夺目花哨或富于戏剧色彩，只要能让嘉宾感觉舒适就行。即使你有一座富丽堂皇的花园，但气象预报说今晚会出现 40℃的高温天气，露天餐会也要泡汤。其次，宾客坐在一起让彼此挨得更近。如果你要请 4 个人吃晚餐，就别用你奶奶那张供 12 个人围坐的超大桌子。即使那是你手边仅有的一张桌子，你最好把它摆在客厅里放自助，来宾们端着盘子放在膝盖上吃也不是不可以。没有什么比用餐时桌子上人少得可怜更让人感到尴尬的了。

（八）与异性交谈

与异性交谈，特别是两个人刚见面不久，大概是社交难度系数最高的了，反正对我来说就是这样。

现在你与异性搭讪的方式已经不能和我们那时相提并论。我年轻的时候，小伙子在鸡尾酒会上要是想和女士搭讪，他会说："我何德何能在这个地方邂逅美若天仙的你？"或者："为何我等到现在才遇见你？"要不然就是："我们是不是在哪里见过？"

像这样的土味情话早就过气了。事实上，诸如此类的"套话"在今天似乎已经沦为陈词滥调。如果你用我刚才引用的那些话作为开场白，会让别人以为你是个招蜂引蝶的花花公子。

当然，在与异性搭讪这个问题上，女性也会遇到同样的难题。对于她们来说，主动上前与男性攀谈也是需要鼓足勇气的。事实上，这对一些女性来说尤其困难，因为长久以来就有女性接触男性要避嫌的说法。在茶歇时聚一起闲聊无伤大雅，但如果一个单身女士向一个男人暗示他很有魅力，那就有点过了，甚至有明目张胆的挑逗的意味了。

在我高中阶段或者二三十岁的时候，女方主动给男方打电话约他出去，无论他们处于哪个年龄段都是相当离谱的，这种事就不可能发生。父母会告诉女孩："有教养的好女孩要矜持，等着男孩给你们打电话。"但他们其实没有必要告诉女孩这些。女孩们无论如何都不会给男孩打电话。

在当时那个年代，有一套不成文的持身自重的准则规训着年轻男女之间的交往。异性之间不能将衣服作为礼物互送对方，甚至连毛衣也不行。送领带或者手套还说得过去，要是其他东西就算越界了。一本好书、一个漂亮的钱包就可以，再进一步的礼物就有超越关系尺度冒犯的嫌疑。青年男女理所应当不能一起在海滩或其他地方过夜，即使是确定关系的伴侣也有失体统。而且这些众所周知的规则约定俗成，女方不能主动给男方打电话，因为这是男方应当做的事情。

如今这些禁忌都已成为过眼云烟。如果男方想通过电话找到女方，他不必一直打电话。如果她不在办公室，一时又联系不上，他总可以在法院的审判室、客户的办公室或者去旧金山的飞机上和她取得联系。如果遇到了自己心仪的男士，她也可以主动出击。

这种变化也像双刃剑，意味着现在的女性也开始像男性一样，陷入"如何开口和异性交谈"的苦恼。

亚瑟·戈弗雷曾建议我："做你自己就好！"与其他的沟通类型相比，这条箴言用在异性之间的交流上再合适不过了。遇到第一次见面就心动的异性，如果你还要在以后加深了解的话，我建议你真诚坦率。

在我看来，你可以坦诚地告诉她："我这人笨嘴拙舌，也不

第3章
社交谈话

知道怎么和刚遇上的女士搭讪。但我很乐意能和你聊几分钟,我叫拉里·金。"

如果她对你有所回应,就可以开聊了。如果她没理会,就原地脱身,因为你知道和她的谈话无论如何都不会有结果的。

这里还有一个我可能会用到的办法。假设我在一个小型私人聚会上遇到一位女士,可能会这样开场:"你知道吗,现在男人和女人搭讪已经没有什么噱头可用了,过去那些陈词滥调都不管用了,这让我们如何开口?"

在坦诚相见的开场白之后,你可以进入下一步,了解对方的兴趣爱好,这样你就可以决定这场谈话是否可以继续下去。你只需提一个你感兴趣的话题即可:

"哎,很多人热议门尼德兹案(Menendez Trial)的判决结果,你怎么看?"

"我刚从汽车广播里听说股市又跌了58个点,你觉得这趋势是不是又要重演1987年10月全球股灾的惨状?"

诸如此类的问题有两个目的。在你们相互自我介绍后会各自出一个后续话题来谈论,以此来试探对方的智力水平和兴趣取向。

如果对方在听了第一个问题后回应你:"我听了那个判决结果之后深感震惊。"这说明她关心时事新闻,能接得住你出的招,也许还能和你有些共同语言。

但如果她说:"我都没听说过这件事。"和你期待的恰恰相反,这可能意味着你应该环顾四周寻找和你感应波长更为接近的人。

或者,如果和你聊天的女士听到股市那个问题的时候说:"哦,我觉得不至于跌到那种地步,今天的《华尔街日报》上有一篇文章……"听到这话,你就知道自己和她是一个频道的。

但如果她说:"我从不关注这种事,太无聊了。"那么你可能也觉得她很无趣,彼此之间话不投机,两看相厌。

在人与人交往,特别是和异性交往时,我建议在谈话开始时尽可能多地了解对方。让他们参与到你感兴趣的话题中,保持你自然的谈话风格。如果你是那种幽默机智、什么梗都能随手拈来的"侃爷",打量一下对方是否跟你合拍。如果你是一位给人印象一丝不苟的"御姐",也要看看对方是否也不是那种嬉皮笑脸的人。如果你喜欢政治、体育、电影,或者对这些领域都感兴趣,那么要关注一下你的拍档是否也如此。

如果你们之间在兴趣爱好上根本没有交集,那就找一个委婉的理由告辞。然后继续在房间里踅摸,肯定会有和你志趣相投的人可以交谈。

六、家庭聚会:从婚礼到葬礼

各种婚礼、成年礼(现在年轻女孩也有成年礼,我们小时候还没有)、生日以及节日聚会,这些场合都很适合聊天,因为参加聚会的人大多相互认识,而且气氛也相对愉悦轻松,不过婚礼派对上等摄影师给全体来宾拍照时没完没了的间歇暂停除外。

在这种聚会上,即使和你以前从未谋面的人凑在一起,你也有现成的话题可以聊。

"你认识新娘吗?我以前没见过新郎,不过我是新娘的闺蜜。

第3章
社交谈话

她人很好！他们在一起一定会幸福美满！"然后你可以花上半小时去谈谈新娘或新郎。

和你聊天的人认识婚礼上其他人吗？如果认识的话，那么你和这个人也可以谈上半个小时。

"你知道他们会去哪里度蜜月吗？"如果你和你的谈话伙伴曾去过那个地方，又可以谈上半个小时了。

与此相比，在葬礼上找个话茬儿实属不易，我觉得这是社交沟通中最难找到话题的场合。在守夜或葬礼上与家庭成员交谈时，只要遵循一个基本原则即可，闲言碎语莫要讲。在葬礼上经常能听到有人说"我知道你的感受"。但我一般不这么说，有两个原因：其一，正常的情况下，只要是12岁以上的人，或许都有过类似的不幸经历，换句话说，如果逝者是正常死亡，那么死者家人深知我们的确感同身受；其二，如果往生者是非正常死亡，如遭受意外或暴力，抑或其他令人胆战心惊的原因，那么他们的感受就不得而知了。

将心比心一下，像"这真是一场悲剧"或"蒙受巨大损失"之类的话，意味着你知道他们有多悲伤，但事实并非如此。

因此在这类场合最好直抒胸臆表达同情，而不是徒然悲伤。我经常在守夜或葬礼上向死者家属讲述一段与他相关的印象深刻的回忆："我永远也忘不了我生病住院那年，约翰周五晚上抽空过来看望我。当时外面下着瓢泼大雨，而他刚从纽约回家就赶过来了。"

如果你和死者家里有些交情，可以回忆起一些有意思的事情。"你知道弗里兹和我玩过的一个最出格的恶作剧吗？"

当死者家属沉浸在极度悲伤中无法自拔,这番话往往能起到四两拨千斤的作用,这段与众不同的故事关乎死者与你的私人交往史,而且也许是他家人不曾听说的往事。

如果你不认识死者是何人,那么可以对他或她生前取得的成绩略作评述,讲讲他在事业上如何成为别人眼中的标杆,他是个多么优秀的顾家暖男,或者她在市议会任职期间表现得多么出色。而且在这种情况下,你无须求教别人为你的社交言辞出谋划策,设身处地问问自己,如果你是伤心欲绝的家属,你希望听到别人跟你说些什么。通常情况最好是简明扼要,点到为止。坦率地说,在这种时候,死者家属压根儿没心思关注你是否很会讲话。你发自内心说一句"太遗憾了,我们会想念他的",就足够了。

你要在葬礼上发言,在我看来这些规矩同样适用。我不是这方面的行家,但是我可以把我的亲身经历当作例子跟大家分享一下。

1993年11月,我的好友兼经纪人鲍勃·伍尔夫(Bob Woolf)突然去世了。鲍勃和他的客户都是不错的朋友,人缘很好。多年来,他和他才华横溢的女儿斯泰西·伍尔夫(Stacey Woolf)一直担任我的经纪人,他们在平日交往中尊重他人,以礼相待,在事业上颇有建树,讲起话来妙语连珠,很有幽默感,特别是为人正直的鲍勃,总将诚信摆在第一位。也正是出于良好的口碑,鲍勃的客户囊括一众文娱体育界的大佬,无论是NBA球星拉里·伯德(Larry Bird)、棒球明星卡尔·雅泽姆斯基(Carl Yastrzemski),还是资深电影人金·夏立特(Gene Shalit)或畅

第 3 章
社交谈话

销书作家皮特·阿克瑟勒姆（Pete Axthelm），他都一视同仁。鲍勃在睡梦中与世长辞，他再也看不到佛罗里达秋天的美景了。噩耗传来令我们大为震惊，就在几天前，他刚刚在华盛顿主持了我的 60 岁生日派对。

在鲍勃的葬礼上，斯泰西邀请了 5 位发言人，我是其中之一。我既感到荣幸，又忐忑不安。很荣幸的是被选中，不安的是不知道该说些什么。在这种容易情绪化的场合，从挑选恰当的主题到措辞准确地表达自己，无不考验着发言人。我决定像往常一样，跟着直觉走，我的感觉告诉我尽量营造轻松的氛围。

我压轴出场。前面 4 人都讲得不错，特别是鲍勃的老师，然后轮到我登场了。这是我一生中做过的最艰难的一次讲话。事实上，这根本算不上发言，而是与那些和我一样心如刀割的人分享感受和记忆。

我站在棺椁旁边，鲍勃就长眠于此，这真是个让人揪心的时刻。但我突然意识到，这对斯泰西及其她的家人和在场的许多其他人来说是同样的悲痛欲绝，于是我开始说：

> "鲍勃给两个叫拉里的人做经纪人，我是其中一个。如果我和拉里·伯德同时给鲍勃打电话，大家猜猜鲍勃会先接谁的？"

这句话引发了那天葬礼现场的第一次笑点，其中多少蕴含了些许幽默，与此同时缓解了当时过度悲伤的氛围。我知道这里的每个人都想笑。鲍勃生前就是个开心果。他喜欢和大家一起说说笑笑，他所到之处，总有笑声陪伴。于是我接着说：

"你们知道的，鲍勃喜欢摄影，他总爱东拍西拍的。梅尔·布鲁克斯（Mel Brooks）导演的电影里有个2000多岁的老者说，世界史上最伟大的发明是普瑞儿洗发香波和旭化成保鲜膜。但如果你问鲍勃同样的问题，我想他肯定会说24小时照片冲洗术是有史以来最伟大的发明。"

身边的听众再一次从这句俏皮话中得到了宽慰。我觉得我的直觉是对的，参加葬礼的其他人都觉得我选择了一种恰如其分的方式来谈论鲍勃。在像葬礼这样较为棘手的场合，我建议跟着感觉走，它会告诉你什么该说什么不该说。如果你觉得别人会想听某段特别的回忆或某段话，放手去做，准保万无一失。同样的道理，如果你的脑海中突然出现一句话，但你又担心说出来会被误解，那就憋住别说。

我发现，在鲍勃的葬礼上发言真是一件难于上青天的事，我相信其他人也会有同感。但那天我们5个人出于同样的初衷讲了话，那就是因为我们觉得这是自己分内应该做的事，而且也是向我们逝去的朋友致敬的最好方式。

毕竟，这就是举办葬礼的意义所在。没人喜欢参加葬礼，大家之所以从各地风尘仆仆赶来，是因为都对那个人心怀爱意，想为他最后做一点事。参加鲍勃葬礼的人不是专程来听拉里·金讲话的。我们的相聚全是因为鲍勃，因为我们想和他好好道别。

如果你有朝一日受邀在葬礼上发言，希望这些建议能用得上。

要铭记于心的是，人们来参加葬礼并不是专程要听你说话。他们和你一样，都是前来悼念逝去的亲人，纪念他在你生命中的出现。因此，葬礼上发言的重点应该放在表达对逝者的尊敬和爱戴上，以及对逝者家人的同情上。简而言之，即便出现一两声的笑声也无伤大雅。

七、如何和名流沟通

和名流沟通也让不少人头疼犯难。不管这个名人多有亲和力，人们还是很容易被他或她的名声吓到。和他们交流时，如果一不小心说错话，就会在不经意间陷入尴尬境地。当影视演员、体坛明星或其他名人谈论自己的人生经历时，大众往往不知不觉"路转粉"。

被"圈粉"的其中一个标志就是他们会说："哇哦，我是从小看着您踢球长大的。"球星经常能从粉丝那里听到这样的话，他们以此互相打趣："我爸爸经常带我去看你打球。"不管你是真心还是无意，这些话都会让这些明星感觉他们已经老了。

还有一种被偶像种草的表现是："我梦寐以求想成为像你一样的棒球运动员（或电影明星，或小说家）。"名流们听到这些话，会觉得你贬低了他们所取得的成就，你的言外之意好像在暗示："嘿，没什么大不了，你做的事情，换成别人一样能实现。"

在节目中，我采访过我能想到的各行各业的名人。说句实在话，他们和你我这样的普通人一样更喜欢聊一些普通的话题。在和他们的对话中，我并不会把他们当成名人看待，反而会将他们视为可能和我们有相同的好恶和感受的普通人。正是以这种和普通人交流的方式，即便你对面是名人，跟他们嗨聊起来完全不在话下。

在和名人交谈时，人们常犯的一种错误是，将他们定型为除了他们的职业之外对其他事情一无所知的人。而事实上，无论是电影行业还是体育界都遍布着受过良好教育、见多识广、智商情商双高的俊男靓女，他们不仅钟情于演艺或者体育事业，也积极投身各种各样的活动中。如果你碰巧知道这位名人的"业余"爱好，你可能会发现与自己的职业生涯相比，他谈起自己私下热衷的事情更加游刃有余。比如，你可以问问演艺圈集编、导、演于一身的伍迪·艾伦（Woody Allen）关于纽约尼克斯篮球队的情况，或问问身兼演员和导演的保罗·纽曼（Paul Newman）所从事的儿童慈善事业的情况，他们肯定也会滔滔不绝。

如果你被名人的气场吓退，可能会惹上是非。"二战"时，有位小镇的镇长在一次战争债券募集会上介绍国际级著名影星沃尔特·皮金（Walter Pidgeon）时就舌头打结，频频出丑。

"特权（Privilege）先生，"镇长对台下观众说，"哦，不对，是傻子（Pigeon）先生。"

第 4 章
能说会道者的
8 种共同特质

成功的人往往是善于沟通的能说会道者

- ♥ 善于沟通的人有哪些共同特质
- ♥ 跟流行音乐家弗兰克·辛纳特拉、美国前总统比尔·克林顿及金牌律师爱德华·班尼特·威廉斯学几招沟通技巧

超级沟通力
美国传奇主持人拉里·金的说话之道

成功的人往往是善于沟通的能说会道者,这一点也不足为奇。沟通技巧是可以培养的,如果你已经有了这种能力,好好说话,你就会成功。如果你觉得自己已然是个成功人士了,你可以让自己成为一个更健谈的人,才有可能在众人之中脱颖而出,更上一层楼。

有没有那种不善于表达自己的成功人士?好像并不存在这样一种人。也许他们不擅长闲聊,或许他们中的一些人不擅长在公开场合演讲,但他们有在不同场合随机应变、灵活应付的本事,从而获得成功,甚至取得非凡的成就。

没人会将美国前总统哈里·杜鲁门(Harry Truman)盛赞为一位优秀的演说家,但有不少人认为他是一位伟大的总统,其中一个原因就是他在政治对谈中收放自如。尽管他不是一个富于感染力、引人入胜的演说家,但他却能用接地气的言语传达自己的态度,不失为一位出色的沟通达人。高谈阔论从来不是他的风格,没有华丽辞藻,不玩语言游戏,在他看来通俗易懂才是王道。正如他的座右铭"责无旁贷",没有人能像他这样,用一句如此简单的话高度概括一位总统的全部职责。惜字如金,但一字千金。

无独有偶,和杜鲁门一样,第 36 任美国总统林登·约翰逊(Lyndon Johnson)的短板恰恰也是演讲,但当他在参议院衣帽间抓住对方衣领滔滔不绝的时候,没人能说得过他。

马丁·路德·金(Martin Luther King Jr.)在公众演讲时的状

态和他俩正好相反。他是个炉火纯青的演说家,当他站在台上对着麦克风发表演说时,那般挥洒自如无与伦比,所有民众都为之倾倒。

我将在后面的章节中进一步探讨公开演讲的细节。对于大多数人来说,我们更关注社交或是商务场合中日常交流的实用技巧。回想我在节目内外有过交流的那些人,我注意到那些善于沟通的人都有一些共同的特质。

能说会道者所拥有的共同特质

他们往往从全新的视角看待事物,针对习以为常的话题提出意想不到的观点。

他们拥有广阔的视野。他们思考或讨论的话题非常广泛,不局限于自身的日常生活。

他们热情洋溢,对无论是私人生活还是你此时此刻对他们说的事情,都表现出浓厚的兴趣和激情。

他们不会总是唠唠叨叨谈论自己。

他们都是喜欢问"为什么"的"好奇宝宝",总希望别人给他们透露更多事情。

他们经常换位思考,试图设身处地去理解对方所说的话。

他们有幽默细胞,不介意拿自己开涮。事实上,能说会道的人经常跟别人讲自己的故事。

他们有自己一套独具个人特色的说话风格。

二、从全新的视角看问题

在这些共同特质中最瞩目的，是从全新的视角看问题，这可能也是能说会道者身上最普遍的特质。比如，这在流行音乐家弗兰克·辛纳特拉（Frank Sinatra）身上就颇为明显，如果他是晚宴的座上客，真有本事山南海北地说一通。如果你有幸跟他聊聊他的专业，就能感受到他散发的迷人魅力，不是因为他告诉你他是一个多么令人瞩目的明星，而是因为他对音乐如此痴迷。他将自己的生命注入音乐事业，新奇古怪、意想不到的想法层出不穷。

几年前的一个晚上，我在加州参加一个纪念音乐人欧文·柏林（Irving Berlin）的私人晚宴，邻座恰巧是弗兰克。他受邀在餐后演唱欧文的一首经典代表作《记得》（*Remember*）。这首歌作为伴随我成长的主打歌，曾经风靡一时。我的同龄人或者年长于我的人一提到这首献给爱人的情歌，脑海里都会回响起轻缓悠扬的旋律。

但弗兰克语出惊人，一改往日我对这首歌的理解。他说："我过去经常演唱这首歌，总是用一种抒情的方式演绎出来，但今晚我想换一种演唱方式。你知道为什么我突然冒出这种想法吗？因为我发现这首歌蕴含着一种苦涩的情绪。"

我沉思片刻，然后我俩默读起那首歌的歌词：

> 你是否还记得那晚？
> 那晚你说"我爱你"
> 记得吗？
> 记得你信誓旦旦

第 4 章
能说会道者的 8 种共同特质

以你头顶苍穹的群星为证

记得吗？

弗兰克说："你听出这家伙火冒三丈了吧，所以今晚我要用一种与以往不同的方式来演绎这首歌，改变一下它在人们心中的印象。"果真这首老歌新唱后，刷新了在场每个人的认知，弗兰克向人们展示了他在歌词阐释和现场表演的双重天赋。

弗兰克·辛纳特拉之所以能在晚宴对谈中活跃气氛，还在于他以全新的视角看待一个搁置已久不被关注的问题。那天晚上，他用一种其他歌手从未想到过的方式做了改编。从那以后，每当听到这首歌，正是弗兰克说过的那一席话，才令我对这首歌有了耳目一新的感受。弗兰克"旧瓶装新酒"的方式就展现出一个善于沟通的人的特质。

三、开阔眼界

纽约州前州长马里奥·科莫（Mario Cuomo）也是一个能在宴会上把快乐带给身边人的搞笑高手，而他的儿子安德鲁更是青出于蓝而胜于蓝，风趣无比。如果科莫听到我这番话，不仅会给我点赞，而且还会告诉你他颇具人格魅力的秘密。

时年 30 多岁的安德鲁·科莫（Andrew Cuomo）曾是克林顿政府房屋和市政规划部的助理秘书。他原本在私人律所上班，中途放弃了这份看上去前途光明的事业，改行到华盛顿为克林顿政府当一名普通的公务员，为公共事业贡献自己的一份力量。他是一个成熟干练、多才多艺的人，用戴尔·卡耐基（Dale Carnegie）的话来说，他是一个"非常有趣又兴趣广泛"的年轻人。

最近有一次，我在电话里跟科莫说起自己在华盛顿时不时就能碰上安德鲁，他特别健谈，真的什么事都难不倒他。然后老科莫告诉我，那是因为安德鲁有着我们大多数人不具备的天然优势，而且安德鲁非常聪明，懂得如何充分利用这个优势。

科莫州长说："安德鲁 30 多岁的时候，他的 4 个祖父母都健在，其中有两位现在身体还健康硬朗。"科莫告诉我，安德鲁对他的祖父母很好，还特别贴心，经常跟他们聊天，嘘寒问暖，听他们讲年轻时候的往事。这 4 位老人都出生于 20 世纪初，其家族分属意大利的两个地区。那个时代的人们日常出行大多骑马或是乘坐马车，电灯还没有普及到千家万户，也没有可供娱乐的收音机，而且疾病肆虐，疫情蔓延到各地，很久都没有起色。身边的家人及邻居大多是文盲，他们没读几年书便辍学了，要了解新闻都是从村外通过口耳相传才能知晓。

安德鲁·科莫并不是这座老城的"耳报神"，也并非对意大利的大事小情如数家珍，重点在于他从小到大耐心倾听周围人说话，并将这个习惯延续至今。他因此日渐成长为一个见多识广、颇有见地的人，倾听的习惯也为他的好人缘加了不少分。

当科莫州长开诚布公地和我聊了这些之后，我陷入了沉思。老话说得好，开阔眼界离不开"行万里路，读万卷书"。但如果你的好奇心驱使你去倾听别人的观点，那么足不出户也可以拓宽自己的视野。我们每个人都有祖父母，也许他们没有科莫家族的老人们长寿，但我们总有机会可以遇到一些长寿的老者，他们中不乏八九十岁甚至百岁老人。我们也许能从他们的言谈中获得知识，那些记忆犹新的故事或许会潜移默化地影响着我们。

我想起父亲去世后，母亲为了保住我们在布鲁克林本森赫斯特的那个小家，不得不外出赚钱养家，供我们温衣饱食，不得不把我托付给一个老太太照顾。那位老太太当时都80多岁了，她的父亲在南北战争期间为联邦政府军效力。儿时的她亲眼见过美国前总统亚伯拉罕·林肯（Abraham Lincoln）本尊，她总有一箩筐轶闻趣事跟我分享。

因此在某种程度上，我在布鲁克林度过的童年时光，耳边尽是她娓娓道来的故事，带我穿越到了她那个时代的美国。或许你也能在和长辈相处的岁月中听来相似的故事。事实上，各种各样的话题都可以带入到谈话中去，无论是健康保健，关于祖父母、老师、教练的情况，还是南北战争。

这个故事给我们一个启示：从小就要养成向祖父母以及其他长辈请教的习惯，珍惜和他们一起度过的时光，将他们所讲的故事及其见解铭记于心。正是这些饱经风霜的老人以及与你背景迥然不同的人，能在拓宽对谈话题和思路上助你一臂之力。

四、富于热情

我觉得我在广播事业上小有成就，还得益于听众能从节目中听得出我对工作的热爱。这是装不出来的，不信你就试试，绝对露馅儿。如果你真心热爱自己的事业，而且能将满腔热忱传递给你的听众，那你就离成功不远了。我见识过各行各业的佼佼者，无论是克林顿总统还是洛杉矶道奇棒球队教练汤米·拉索达（Tommy Lasorda）都是如此，无一例外。

1981年的一天，拉索达教练做客我的晚间谈话节目，而前一晚举行的国家联盟决赛中，他执教的球队在与休斯敦队对战中以惨败落幕。但从当晚他参与节目时热情洋溢的表现来看，你根本无法相信他带领的球队遭遇了失败。当我问他如何能表现并保持这种兴奋状态时，拉索达教练回答："我的生活中最好的日子是我的球队赢球了，略逊的日子就是输球的时候。"

在克林顿总统入驻白宫一周年时，我有幸采访了他，当他谈到自己身为总统的感受时，也曾有过相似的表述。克林顿总统和拉索达教练都属于能说会道的人，也是那种特别适合上节目的嘉宾，因为他们二人身上都有一个共同点：对工作充满激情，而且乐意和大家聊聊他们工作上遇到的趣事。显而易见，他们所抱有的工作热情，以及这种与他人分享心得体会的意愿，使他们一开口，便成为全场瞩目的焦点，而且在职业生涯中表现出色。

也许你对工作没有像汤米·拉索达那样的热情忘我，即便你成为工作狂，也不会像他那样幸运，但是你可以想一想那些能激起你兴奋点的事情：无论是你的孩子、自己的爱好，还是你加入的慈善机构，甚至一本你刚刚读过的书。没必要让这些话题成为既定模板，你说得乐此不疲，可能别人早就听腻了，所以只需要将你对这些事情的激情带入到谈话中即可。如果你能选一个自己感兴趣的话题，并让你的听众知道你为何如此钟情于它，那么将笼络一批你的拥趸。

五、不要猛说自己

在谈话过程中,为了避免"话题终结者"的名号落在自己头上,现身说法这种事可能在劫难逃。或者对方先发制人抛来问题,但是你不要一接过话茬就对自己猛开刀,夸夸其谈说个没完。相反,你可以见风使舵,转移话题,比如反问对方:"玛丽,你怎么样?你在哪里高就呢?"

六、保持好奇心

最善于沟通的人是那种对一切充满好奇的人。这就是为何他们在善于倾听的同时,还拥有广阔的视野,因为那些新知总能点燃他们的学习热情。

七、换位思考

那些我们最喜欢与之交谈的人,是因为在沟通过程中他们能理解我们所表达的意思,并产生共鸣:他们不仅关注我们所说的,而且更加在意我们的感受。比如说,你告诉对方自己找到了一份新工作，你希望听到他说"哦，太好了！"而不仅仅是"噢，真的吗？"所以，你不想听到这样敷衍的回答，那自己就别这么说。

享誉全球的脱口秀女王奥普拉·温弗瑞（Oprah Winfrey）就在谈话中常常设身处地为他人着想，她和观众营造出了一种心照不宣的强大默契，就是源于她能和节目嘉宾产生共鸣。在对谈过程中，你能看出她确实对谈论的话题感兴趣，并且围绕着这些话题进一步展开对话。她的节目之所以能吸引来各路嘉宾并使他们敞开心扉、坦诚相待，就在于奥普拉·温弗瑞的同理心，这也是一名优秀沟通者所具备的素养。

事实上，几乎所有优秀的谈话类电视节目主持人都应具备这种素质。我把这种人称为"同情者"。如果你告诉他们你患了脑瘤或哪怕是水痘，他们都会表现出自己的同情和鼓励，并把这种情绪传达给观众。比如，周末在CNN上演《桑娅脱口秀》的主持人桑娅·弗莱曼（Sonya Friedman）就将这种同情做到了极致。

迪克·卡维特（Dick Cavett）也算是一个不错的"同情者"，他聪明过人，兴趣广泛，他的主持风格展现出他对嘉宾的种种关注，并在意对方的感受，而不是从对方口中刺探出一些过火的八卦。

八、展现你的幽默感

生活中很多时候都需要加点幽默加点料，谈话也不例外，甚至比任何时候都需要诙谐风趣前来助阵。在作演讲时，我在上台

第 4 章
能说会道者的 8 种共同特质

前都会雷打不动地提醒自己:"不要太过于严肃。"我觉得这样的演讲台风同样适用于谈话,如果恰如其分就会锦上添花。

就像其他事情一样,强颜欢笑的幽默不会奏效。顶级的幽默大师和喜剧家们都深谙其中的精髓,因此从不在假笑边缘试探。我想到美国老牌喜剧演员鲍勃·霍普(Bob Hope),他在这方面的表现堪称经典。

前来参加晚宴的鲍勃从不要宝卖弄,强行搞笑。当然,他绝不是那种死板无聊或过于严肃的人,他是这种场合的常客,因此也绝不会在晚宴上演一出杂耍独角戏。在座的各位都见过他活跃在舞台、电视和银幕上的搞笑本事,因此他根本没必要借此机会去证明自己的幽默天分。更何况,霍普不仅是一位喜剧演员、表演艺术家,他还是一位功成名就、博学多才的商人,一位心怀爱国之心的仁人志士,曾为驻扎世界各地的美军进行慰问演出。在各行各业打拼的经历成就了他饱经沧桑的人生,和别人沟通自然不在话下。他总有大把的话题可以聊,大家都爱围着他说东说西,即使他没甩出一句俏皮话,也能给别人舒服自在的感觉。

演员阿尔·帕西诺(Al Pacino)的幽默风格虽然剑走偏锋,但这种不走寻常路的个性并不阻碍他成为美国最好的喜剧演员之一。但在银幕之外,他依然是个有着"纽约式"滑稽风趣的搞笑大咖。他对所有事物的反应都有独特的"纽约范儿",遇到人生的疑难杂症,耸耸肩就一一化解了,这对于在自家门口也会随时碰上糟心事和倒霉事的纽约人来说,怎么能不一笑了之。

1994 年 1 月大地震时发生的情景,现在还历历在目。在震后的几个小时,我和阿尔·帕西诺,还有播音界元老沃尔特·克朗凯特（Walter Cronkite）及其他一些人站在洛杉矶比弗利威尔希尔酒店大堂里。前一晚，我们刚刚在城里参加了有线电视节目颁奖晚会。我们三五成群聚在一起议论着地震发生时各自的反应。我们都感觉到了地震——至少我当时慌了神。然而帕西诺耸耸肩说："我这个纽约人，还以为哪里爆炸了呢。"他面无表情、不动声色地说着，一点都没有开玩笑的意思，就在那一刻，我们一哄而笑。

乔治·伯恩斯（George Bums）也是一位颇具个人风格的喜剧演员。他戏里戏外一个样，一门心思搞笑，跟他说上一会儿，你就会发现那些从各处捡拾的搞笑梗从他嘴里脱口而出。

印象中我参加一次聚会，大家说笑着，话题自然而然转到了日常健康护理上，随后每个人都带着对管理竞争之类的深刻思考参与进来。这时候有人问乔治，时年接近百岁的他是怎样看待今天的医生的。他说："我每天抽10支烟，中午要喝两杯双份马提尼酒，晚上还要再喝上两杯。还有，我经常和那些比我年轻很多的女士出街闲逛。别人会问我，是你的家庭医生让你这么做的吗？"

他环顾在座的各位，然后平淡地说道："我的医生10年前就去世了。"

这就是乔治·伯恩斯的一贯做派。没有人会因为他套话频出而感到厌烦。他自成一派，我们所有人都知道他就是那种随口金句的段子手。席上的客人非但没有感到无聊，反而被他的人格魅力吸引住了。

乔治的话之所以在聊天中碰撞出火花，关键还在于他并非强行玩梗。他只是在大家对健康问题展开讨论后，自然而然说出了那些话。如果他对周围的客人说:"嘿!我给你们精彩重现一下我表演中惯用的搞笑台词吧!"那势必会让大家扫兴,不仅因为这样太过刻意了,还因为这样会打断原本的谈话节奏。

如果你想成为众人面前的幽默大师,需要注意这一点:无论你的幽默风格是什么样的,千万别为了搞笑而搞笑。专业喜剧演员都深知要掌握火候。如果因为你的一句"包袱"导致热聊变冷场了,那么说明你没把握准时机。即使你今天在办公室听了一个超级好笑的笑话,也不要为了讲出来而打断正在进行的谈话。

著名的讽刺喜剧演员唐·里克斯(Don Rickies)也是个极具搞笑天赋的家伙,无论是晚宴上讲话还是舞台上表演,都少不了妙语连珠以及针砭时弊的评论。餐桌上的客人们都领略过他的风采,经常被他的冷嘲热讽逗得前仰后合。

为什么他们这样做就能击中大家的笑点,而你我就只有尴尬的份呢?因为如果我们这样做的话,别人就会觉得我们是勉强为之。大家都知道,唐那样做对他来说是自然而然的事,甚至连他自己都没意识到。

九、保持自己的风格

善于说话的人还有一个成功秘籍,这就是他们往往都有自己独特的风格,有自己行之有效的谈话方式。我想到了20世纪下半叶美国有4位金牌律师,他们在大众面前展现了各自与众不同的说话方式,但殊途同归,每一种都被视为沟通的范本,因为每种风格都是他们本人为自己量身定制的。

爱德华·班尼特·威廉斯（Edward Bennett Williams）律师说话低声细语，跟他交谈时，你迫不得已身体前倾，集中精力去听他说了什么。事实上，他小声说话也是有意为之，而且这种方式在沟通中极其有效。他从不大声喧哗，却颇具说服力，你会聚精会神听他说每个字。无论是在法庭上还是午餐宴上，他的这种讲话方式都非常奏效。

珀西·法曼（Percy Foreman）是另一位出色的辩护律师，他的表达特别深入人心，能引发听众的共情。他说话就像发表演讲一样字正腔圆，抑扬顿挫。这种说话方式并不适合我们中的大部分人，但对他来说非常适合。这就是他特立独行的风格。

威廉·康斯特勒（William Kunstler）是一位说话天花乱坠的律师，还有个怒火冲天的暴脾气，他的讲话风格与前面说的两位大相径庭。这种风格既不适合威廉斯，也不适合法曼，却贯穿起康斯特勒的整个职业生涯，并令他在律政界名声大噪，就像他的声音一样振聋发聩。

路易斯·尼斯哲（Louis Nizer）的说话方式是摆事实，讲道理。如果说威廉斯以戏剧性吸引了你的关注，法曼打情感牌制胜，康斯特勒燃起你心中的怒火，那么尼斯哲则以理服人。

你可能不关心自己的谈话风格会在法庭上发挥怎样的作用，但我想用这些例子告诉大家，即使在非常相似的情况下，每个人也都可以塑造自身独特的表达风格。因此，找到一种你觉得舒服的说话方式并加以培养在沟通中至关重要。

时常有人让我描述一下自己的说话风格，这比评价别人的风格更让我犯难。我觉得我的说话风格有脱口秀大咖迪克·卡维特（Dick Cavett）的影子。我觉得有强烈的表达欲、心怀好奇，时而打破砂锅问到底，时而嘻嘻哈哈满不在乎，而且喜欢把谈话重点放在此时此地——作为主持人，我比其他人更想知道为什么。

十、最后的反思：该闭嘴时就闭嘴

时隔多年，我仍然记得经典情景电视剧《蜜月伴侣》（*The Honeymooners*）中，我的迈阿密好友杰克·格里森（Jackie Gleason）在剧中扮演的拉尔夫，经常对安德丽·梅德丝（Audrey Meadows）扮演的艾丽丝·克瑞德（Alice Kramden）说的一句话。当艾丽丝不经意或者故意口误揭穿了拉尔夫的阴谋时，他会瞪大眼睛盯着她，对着她的脸摇摇手指，说道："艾丽丝，你个废柴，长舌妇大嘴巴！"

不管你在讲话上是不是真的有一手，有时候保持沉默是更好的选择。我知道每个人都有加入群聊的冲动——在布鲁克林的本森赫斯特（Bensonhurst），小伙伴们叫我"大嘴巴"也不是空穴来风。但是，如果在这种冲动之下，你能去注意倾听，自己的直觉告诉你言多必失，谨小慎微别轻易插嘴，那么你将成为一个更加成功的沟通者。

第 5 章
流行语与政治正确

- ♥ 用词欠妥导致沟通不畅
- ♥ 如何摆脱不良的说话习惯
- ♥ 政治正确

这不是一本告诉你应该如何扩充现有的词汇量或教你如何说一口纯正英语的书。就像我之前说过的，这本书旨在帮你打消沟通上的种种困惑，而不是听我以身示范。与一个恰如其分的回答相比，提出一个发人深思的问题显然要重要得多。这在其中就涉及了一些关于措辞的问题，如果使用不当就会影响沟通效果。

一、夸大其词

美国著名作家马克·吐温深谙言谈之道，一点也不亚于他对人性的幽微洞察，他写道："沟通中差强人意的措辞和恰如其分的措辞之间确实存在着巨大的悬殊，就像萤火虫（lightning bug）和闪电（lightning）之间的区别一样。"

这里需要敲黑板让你引起注意的是，何为恰如其分的措辞——即是那些听众马上理解的词，往往是一个简单的词。出于某些原因，人们会自然而然脱口而出一个入时的新词，或者最近的流行语，让讲话听起来更加与时俱进。随着现代通信技术的迅速发展及覆盖范围的扩大，流行词汇和用法也如雨后春笋般传播到了世界各地。可惜的是，这些令人耳目一新的词汇大多对我们提高沟通能力无济于事。

举个例子，英语中的"impact"（影响力）和"access"（机会）

第 5 章
流行语与政治正确

过去都只被用作名词,但现在也有名词动用的情况,比如,在"to impact the situation"(影响形势)中"impact"就用作动词,意为"影响"。如果我们将过去惯用、习以为常的"affect"放在这里,意思也是一样的,甚至表达得更为明确。再举一个相反的例子,不少动词也被用作名词,如"commute"(通勤往返)。过去我们常说"I commute to work by car"(我开车上下班),而现在我们会说"My commute is by car",在这句话中,"commute"显然变成名词,意为"上下班通勤"。

还有我们经常使用的互联网术语也被改造成了流行语,比如,"input"原本是"输入"的意思,近几年演变为"全身心投入"的一种状态。人们越来越多地使用互联网里的"interfacing"(对接)表示人与人之间的"互动",以替代之前传统的"discussing"(讨论)或者"talking with"(谈论)。每当发生地震或台风时,我们都会被告知"基础设施"(infrastructure)遭到了破坏,尽管官方认为这个词准确地传达了他们要表达的意思,但如果他们换成"下水道、污水管或高速公路"这样的词,会更加通俗易懂。

正如这样的互联网用语反映了 20 世纪 90 年代的生活常态,但这不是阻碍我们清晰准确表达的唯一一个拦路虎,人的自我意识也是。人们似乎认为用一些夸夸其谈的词汇能让他们所说的主题得到升华,与此同时,也能彰显他们自己的腔调。如今的人们用"perceive"(感知)替代了"viewing"(观看)或"seeing"(看见)。有些人觉得说人或事物是"equal"(平等)的有点过气,偏偏说是"coequal"(同等平权)的。如果说某些事可以等量齐观,那么同等平权的言外之意又是什么意思呢?

还有人说"utilize"（利用），而不是"using"（使用）。我曾遇到过一位公司高管，他告诉手下员工："别咬文嚼字，就简单明了地说'用'。"

我尽量避免使用浮夸的语言。有些人为了给别人留下深刻的印象，喜欢在说话中使用这样的词语，以此凸显自己紧跟时尚的思潮。还有一些人是因为他们完全忘记了如何用简单、清晰的日常用语说话，这种把表达的初衷抛到脑后，无异于邯郸学步。如果你能避开这些"流行语"，你的沟通能力会因人们容易理解你的意思而得到改善。如果说你自己获取知识、听取意见，是为了便于让别人知道自己够"入时"，但其实如果你能用简单明了的话来表达这个意思，你会给人留下更好的印象，因为你所有的听众，并非仅仅局限于那些了解互联网用语的潮人。

二、流行语

除了夸大其词，在我们这个即时大众传播的时代还不断涌现出一大批时髦词汇和流行语。这种由时尚潮流、新闻事件及代言人催生出的词汇和短语经人们口耳相传，没过多久就沦为"陈词滥调"。有时适当使用一些流行语能让你在群聊中更容易找到同好，但总把这些挂在嘴边也会成为烂梗，反而会让你在表达中失去个性。

著名脱口秀节目主持人约翰尼·卡森（Johnny Carson）喜欢说的"No Way"（没门儿），以及他的前辈杰克·帕尔（Jack

第 5 章
流行语与政治正确

Par）经常说的"I kid you not"（我不骗你）一度成为美国民众争相模仿的同款口头禅。20 世纪 70 年代，每逢足球赛季的周一晚上，霍华德·科塞尔（Howard Cosell）直播时总会把一句有严重语法错误的"实话实说"（telling it like it is，正确的应为 tell it as it is）灌输给我们，结果这句变了味的话竟然成了那个年代很多人的口头禅。而且我们也曾在《周六夜现场》（*Saturday Night Live*）听到过主持人明知故问："Isn't that special？"（是不是很特别？），以及乔治·布什（George Bush）总统强势发声："Read my lips."（听好了。）

当然，最糟的莫过于《昨日》（*Yesterday*）中的广告语。在 20 世纪 60 年代末至 70 年代初，"Where it's at（时髦热点）这种说法曾风靡一时。想象一下，如果华盛顿一位地区组织的执行董事在理事会上告诉董事会成员们"Is where it's at"，在座各位会作何感想？这么看，这位执行董事迫不及待亮出自己的潮人身份，却沦为流行语的牺牲品。他自以为"入时"，而董事们却对他心生疑惑，一个拥有 3 个高等教育文凭的人怎么会犯这样低级的语法错误，用介词来结束一个句子。

无论你是参加鸡尾酒会，还是在你家后院，抑或在全国性的电视节目上亮相，如果你能在谈话中尽量少用这些"陈词滥调"或流行语，都能让自己的谈吐焕然一新。

三、空洞的表达

有些对表达意思毫无作用的词汇和发音也会悄然进入我们的谈话中，它们不仅会使我们所说的话变得杂乱无章，也意味着让听众感到迷惑不解。这些"有的没的"空洞表达相当于包装盒里当作填垫材料的聚苯乙烯泡沫，很让人反感。

然而为什么还有那么多人用这些空洞的表达呢？因为这些词就像拐杖一样，在正题进行不下去的时候，可以拿来一用缓解冷场和尴尬。当你用这些词来拖延一下，就会尝到甜头，时不时说一下，因此你的表达也会时断时续，就像拄拐杖那样一瘸一拐地进行下去。

在这一众空洞的表达中，最为人所知也是用得最多的当属"You know…"（你知道……）。我在华盛顿的一位朋友跟我吐槽过，他过去曾和一位咨询顾问共事，那位大佬三句不离"你知道……"，好像离了这句就不知怎么说话了。有一次开会时我朋友又和他碰面了，他想知道这位老兄到底有多么依赖这句口头禅，于是决定数数在会议期间他会用多少次"你知道……"。会议持续了20分钟，经过我那位朋友的精确统计，那位顾问竟然说了多达91次的"你知道……"。也许是好奇心使然，我立刻开启了心算模式，结果得出他每分钟就要说到4.5次这句话。在华盛顿短短20分钟的会议上说了91次"你知道……"，我觉得这种中毒程度还真是前无古人后无来者，无人能敌了。

你肯定觉得这波操作挺逗的，但仔细想想这并不是那么让人一笑了之的事。身为咨询顾问的他靠着说话谋生，而他却在众人

第5章
流行语与政治正确

面前像痉挛一样反复念叨着同一个词，以至于把大家的注意力吸引到"你知道……"上了，而无法聚精会神去听他真正想要表达的。说真的，我觉得他过不了多久就会因为说这么多干扰正事的废话丢掉饭碗。

流行语总是以迅雷不及掩耳之势更新换代，"你知道……"早已退居二线，紧随其后的是"嗯，基本上……"（Well, basically...），使用频率之高不亚于之前出现的那些无意义的插入语。你可以打开电视看看晚间新闻，留意一下主持人街采的时候有多少人张口就是"嗯，基本上……"。如果你发现这些话能在表达中起到什么增光添彩的作用，请联系《吉尼斯世界纪录大全》(*The Guinness Book of World Records*)，将你伟大的发现公之于众。

"基本上……"在谈话中俯拾即是，这样的废话除了放在句首，还经常被用作出于习惯随口说出的插入语。有的时候上来就是一句"基本上……"没准就会引发搞笑事件，比如，我印象中在晚间新闻里听到一名警官解释犯罪分子为何会进入房子作案，他说因为门基本上是开着的。这么说是不是就跟听到"基本上怀孕了"那样不靠谱？屋门不是开着，就是关着，加个"基本上"真是天方夜谭。

在20世纪70年代有一大批流行语出现在大众的视线，"hopefully"（满怀希望地）就是其中之一，一时间，当人们谈论未来可能发生的事情时，"hopefully"成为大家异口同声绕不开的词。但几乎在大多数情况下，人们还是把这个词用错了地方。他们真正想说的是"我希望……"，一种未达成的愿景，而不是"满怀希望地"，表达一种喜悦的心情。

比如说，当你说"Hopefully the meeting will be held on Thursday"这句话的时候，真正要表达的意思是"希望这个会在周四召开"，一种期待的状态，但这句英文的字面意思却和你要说的有出入，让别人以为"会议有可能在周四举行"。

"Whatever"（随便，无所谓）也算是一个没有实际意义的词，通常对你所说的内容没有起到任何补充作用，比如说，"When you called, I was out shopping or whatever."（你打电话的时候我出去买东西了。）"I thought it would be nice this weekend if we went to the beach or whatever."（我想如果这个周末我们能一起去海边或随便什么地方都不错。）"I have to finish these letters or whatever."（我得把这些信写完或干点别的什么。）

一言以蔽之，无论你要说什么，尽量别无脑跟风，用这些虚无缥缈、无关紧要的废话。

记得20世纪60年代还有一个像真菌一样传播的词"like"（像），并且一直延续着。那时人们拿嬉皮士花癫派开涮，一开口就是"Like, you know"（像，你知道的），但是现在你还能听到人们这样说："I saw him, like, last Tuesday."（我好像上周四见到他了。）这句话的意思是上周四见到了，但又好像是上周四没见过，或者好像见过他，又不能确定是不是上周四见过的，这其中掺杂了很多不确定因素，说了等于没说。如果你不想让自己听起来像个伍德斯托克音乐节的临时滑稽演员，无论如何都要避免这么说话。

除了这些没有实际意义的口头禅，如果我们不注意的话，一些妨碍理解的发音也会在不经意间潜入我们的对话，你马上就能想到"uh"（呃）和"um"（唔）这两个音。如果你与别人交谈时,说不了两句就有一大堆拟声词,对方可能会认为你根本不会说人话。

四、摆脱不好的习惯

如何才能让自己摆脱这些坏习惯呢?和任何其他的习惯一样,克服这些毛病靠的是自我规训。可以试试下面这三种方法。

首先,学会用大家熟知的字眼,自己讲话时上点心,注意倾听。当你说话的时候,只要把注意力放在你所说的话上就会卓有成效。你会发现自己有多少次说着说着就断片儿了,不一会又想起该说什么了,强迫症似的把自己说过的话重复一遍,还有"呃"这些不必要的语气词是如何妨碍你说话的。这本身就能帮你厘清思路。

其次,事先想好说什么再开口。这是明摆着的道理,但现实中你之所以在说话间歇支支吾吾叠加一堆无意义的词,往往是因为你说到一半大脑一片空白,无法再进行下去了。我的意思并不是让你每次开口之前打个腹稿。但你可以在说第一句话的时候在脑海中盘算一下接下来该怎么说,以此类推。事实上操作起来不像听起来那么难,不信你就试试,你会发现其实并不难。大脑有很大潜力支持我们可以同时做两件事,甚至多线开工。只要稍加练习,习惯就会成自然。

最后,找一个"语言监督员"来听你所说的每一句话,只要你说了没有意义的空话,或者甩出一句"陈词滥调"就立刻提醒你,这个方法立竿见影。至于"语言监督员"的人选,可以请你的爱人、好友或同事来做这个"坏人"。每次你要是随口说出那些词,他们即刻"叫停"或"住口"。而且你选的"语言监督员"必须是每天有大把时间和你朝夕相处的人。听起来是不是有点烦人?没错,但我保证,经过几天的"负面强化"(negative reinforcement),也就是认识自己的错误或不足从而去刻意修正,使错误的倾向朝正确的方向转移,你会发现自己会有意识避开那些假大空的话。顺便提一下,如果你是个"废话篓子",最好各个攻破,别想着一下矫正过来,贪多嚼不烂。如果你常说的不止一两个口头禅,最好挨个戒掉,否则你的"语言监督员"每隔一会儿就得提醒你一次,非累死不可。

五、吃字

在某些情况下,人们说话时会省略一些字词,就像很多新闻及体育播音员已经养成了省略动词的习惯,即使这种做法改变了他们所说的意思,他们还是一意孤行。

当篮球比赛时播音员说:"Patrick Ewing fouled on the play",他想表达的意思是"场上有人对帕特里克·尤因(Patrick Ewing)做了犯规动作"。但他省略掉了动词,意思反转成了"帕特里克·尤因犯规了"。说得南辕北辙,驴唇不对马嘴,不知道他们为何不按常理出牌呢?晚间新闻的播音员和主持人也常常重蹈覆辙,同样沾染了省略动词的毛病。

也许他们认为这样吃字能达到激动人心的直播效果,貌似说

第 5 章
流行语与政治正确

话时非常急迫,以至于来不及说动词了。而事实上这种简单的省略又创造出另一种即兴(同样也是畸形)的流行语。

如果你始终觉得这些习惯其实无伤大雅,每一种表达方式也都相差无几,那就试试我常玩的一种智力游戏吧。我经常想到,如今耳熟能详的名人名言是在何种场景下说出来的。

看看这些省略了动词的经典名言:

"Four score and seven years ago our forefathers bringing forth a new nation."(Abraham Lincoln)

"87年前,我们的先人们开创了一个崭新的国家。"(亚伯拉罕·林肯)

"I know not what course others might take, but as for me, liberty and death."(Patrick Henry)

"我不知道别人会选择哪条道路,对于我而言,只有自由和死亡两条路。"(帕特里克·亨利)

以及这些加了口头禅的就职演说:

"Basically, ask not what your country can do for you, but what you can, uh, do for your country."(John F. Kennedy)

"基本上,不要问国家能为你做些什么,先问问你自己能为国家做些什么。"(约翰·肯尼迪)

或弗洛伦斯·金(Florence King)在《飘》(Gone With the Wind)中的台词:

"Frankly, my dear, it doesn't impact me."

"坦白说,亲爱的,我无所谓。"

六、政治正确

多年来,"政治正确"已经是老生常谈的话题了,而且时至今日仍然能激起很多人的兴奋点,即便如此,我都不愿再提了。然而不管你钟情与否,在我们的日常生活以及交流中都逃不开与"政治正确"相关的术语和概念。"政治正确"一再被提及和那些长久以来在我们社会里话语权缺失的女性和少数族裔相关,如今的他们正以前所未有的姿态表明自己的立场,而且他们开始通过演讲彰显自信。

他们坚信,我们说话的方式和所说的内容同样重要,因为语言体现了思想和态度。我觉得他们说到了点子上。如果你到现在还用"弱势性别"(The Weaker Sex)这个老掉牙的词来形容女性的话,无疑暴露出你在女性观念上落后于时代十万八千里。如果你用"Jap"称呼某个人,不管你是有意为之还是随口一说,都会让别人唤起"二战"时期日本人被西方称为"黄祸"的种族歧视。这些都是泛泛而谈的例子,无非就是想告诉大家,这些社群为何会对他们如何被提及过于敏感,以及其他人也要如此为之。

20世纪90年代美国的生活现实对我们所有人都具有道德和现实意义。从道义上讲,在说话时忽视少数族裔的感受,不仅是傲慢无礼的表现,还会伤害到他们。

实际上,漫不经心地谈论这样的话题可能对你不利。想想道奇总经理阿尔·坎帕尼斯(Al Campanis)、"希腊人"吉米还有其他一些人,他们都因讨论黑人运动员时出言不逊而遭遇职业生涯的滑铁卢。

第 5 章
流行语与政治正确

你必须重视日常用语在时代的演变。方才我在谈到黑人运动员时用的词是"Black Athletes",这是自 20 世纪 60 年代起在大多数美国黑人接受范围内的一种称呼。但这个称谓随着时代变迁不断变化,并不是一成不变的。

记得我小的时候,甚至到广播生涯的第一个 10 年,逢美国黑人必称他们"黑鬼"(Negro)。随着 20 世纪 60 年代黑人权利运动的不断发展,黑人领袖提出,他们希望人们称他们为黑人(Black)而不是"黑鬼"。于是美国各行各业纷纷为他们正名,从广播波及整个传媒界都不再使用"黑鬼",这种改变也逐渐渗透到了大多数美国人的日常对话中。

到了 20 世纪 80 年代,一批新名词又如雨后春笋般涌入我们的日常表达之中。黑人领袖们又说他们的族裔应该被称为"非裔美国人"(African Americans)。墨西哥和西班牙裔的领袖表示,他们更愿意被称为"西班牙裔人"(Hispanics),不过这个称谓现在是明日黄花了,现在他们又被称为"拉丁美洲人后裔"(Latino)。如今,"东方人"(Orientals)被称为"亚洲人"(Asians)。许多美洲印第安人说,他们希望被称为"美国原住民"(Native American);还有一些人则更喜欢以他们各自的部落来称呼自己,而绝不用白人赋予的名字。

历史告诉我们,随着时代的变迁,这些词又将被其他一些新词所替代。《华盛顿邮报》(*Washington Post*)曾刊过一篇报道,统计了这些新词的迭代更替。1978 年,"非裔美国人"(African American)这个在当时还算入时的词在报纸上出现过 42 次,而到了 1993 年飙升到了 1422 次。1987 年,"拉丁美洲人后裔"(Latino

在报纸上出现过85次，而到了1993年攀升到389次。至于"美国原住民"（Native American）这个词则在1987年的报纸上出现了112次，1993年使用频率到达339次。

这一切都证明，我们一路走来，言谈间对种族日益尊重，当下的语言也反映出过去20年这些族裔群体为赢得尊重所付出的不懈努力。

从另一角度来看，这种称谓的演变究竟是出于尊重还是偏执？当今这个时代不能再像过去那样以貌取人，包括性别在内的变数很大，也正因如此，我们意识到不能再把女性（women）统称为"女士"（ladies），我们是不是已经偏离了理性，抛弃了公平，而近乎愚蠢。1994年，有位杂志的女编辑（而不是编辑女士）就曾向一位同行编辑表明了这个观点。如此看来，我们还能算是同一阵线的战友吗？

当你在办公室赞美女同事的着装打扮时无异于作死。过去，你可以这样说："你穿这件衣服真好看！"或者："这件衣服太适合你了！"但现在恭维的话你还是少说两句，夸夸"这件衣服不错！"点到为止即可。

这样的赞美是不是有点寡淡无味？

但这样无功无过有个好处，就是安全。这年头最重要的莫过于安全了。你上次听到一个小哥哥（我们那个年代的人称"男生"）恭维小姐姐（称"女生"）身材真好或者逆天长腿是猴年马月的事了？但是你过去想不到的是，现在你可以问她包里有没有避孕套，这听起来一点都不违和。

时代变了。过去听起来冒犯的话现在是可以接受了，然而以

第 5 章
流行语与政治正确

前觉得家常便饭的事现在倒让人反感了。正如电影《国王与我》（*The King and I*）中暹罗国王为自己身处乱世而哀叹的那样："过去，是就是是，不是就是不是，但现在，一切都扑朔迷离！"

  当然，这位国王令人忍俊不禁的口音讲话如果放到现在会被视为"政治错误"。但拿种族开一个无伤大雅的玩笑又有何妨呢？只要这些笑话里没有偏见或嘲笑的意味，还有什么比一个犹太人的笑话更有趣呢？那么爱尔兰人、意大利人，以及黑人呢？如果这些都被视为难以触碰的高压线，那么像米伦·科恩（Myron Cohen）、山姆·莱文森（Sam Levenson）、杰克·格里森（Jackie Gleason）这样的喜剧大师在今天都会无以为生了。幸亏理查德·普赖尔（Richard Pryor）那张名为《黑人的疯狂》（*That Nigger's Crazy*）的专辑发得及时，要是现在准得胎死腹中。

  这就是过分强调政治正确对舆论的波及。希望我们不要出于对某些人的畏惧，而失去了区分尊重与偏执的能力。

第 6 章
商务会谈

- ♥ 商务会谈的基本要点
- ♥ 推销以及自我推销的艺术
- ♥ 上下级的沟通
- ♥ 会议和演示
- ♥ 凯西·史丹格尔的秘籍

我不清楚工作和日常生活占我们每天对话的具体比例,但我敢肯定的是我们所说的话至少一半是在工作过程中产生的。我的本职工作是个主持人,而不是企业高管,但我曾以演讲者、小组发言人或者会议主席的身份参加过不少商务会议,也与众多美国高管对话过,从这些经历中总结出了一些提高商务会谈能力的基本要点。

一、商务会谈的基本要点

和我有过交往的商界精英无一例外都是善于沟通的演说家,这一点也不奇怪。在这一章中,我将介绍一下我从成功人士身上及自己的经验中总结出来的重要技巧。以下谈谈下面这三个准则。

(1)社交场合的基本谈话技巧同样也适用于商务情境。如果你想做一个谈话高手,要先学会倾听,并且做到开诚布公。

(2)如果你的谈话对象是同行,而且对谈的主题也是围绕着你的专业或者职业展开的,对于一些专业术语无须做过多的解释,但仍需浅显易懂地表达出来。但如果碰巧和外行交流,那么就要预设你的听众或者其他与会者根本不了解这些专业术语,所以你就要用非专业术语进行解释。

(3)时间就是金钱。别轻易浪费谈话对象的时间。不要在和

第 6 章
商务会谈

对方共进午餐前神侃头天晚上的球赛或者你最近一次打高尔夫球的战绩，尽量在仓促的 5 分钟内把见面的真正目的原原本本说清楚。而且不要在其他人都急于做正事时，在会上花 20 分钟作个人专场演说。

第三点值得多说一下。当你急着外出去谈合同时，最害怕的不就是电话响了，一接起来 20 分钟打不住吗？要是你的上司走进你的办公室拐弯抹角先"聊上五毛钱的天"，然后才不慌不忙告诉你他大驾光临到底有何贵干，你是不是敢怒不敢言？

物以类聚，人以群分，了解了这些负面案例，你自己就要引以为鉴。开口说话要有分寸，无论是和同事的办公室聊天还是西服革履参会，都要心中有数。提前想好主题，即将要阐明的要点，还有别人有可能问到的问题，以及最有说服力的回答方式。

与此同时，还要学会换位思考，明白对方想知道什么。比如说，我们中的很多人都会遇到这样的情况：如果你想了解上个月的销售情况，可以向销售部的苏珊要数据，你提出要求即可，而没必要告诉她整个公司下一个销售年度的营销战略。这样做纯属浪费你们彼此的宝贵时间。

但这并不意味着你就此三缄其口。保持员工士气高涨，提升生产效率最行之有效的举措就是，让他们多了解背景情况，让他们觉得自己参与其中并且备受激励。然而你也没必要每次跟别人说话都打个腹稿。而且还要避免那种漫无边际的闲扯，如果你问别人几点了，对方先跟你说一通手表内部的工作原理，你心里肯定有一万匹羊驼呼啸而过。

二、推销的艺术

每个人都是天生的销售员。无论你现实中的本职工作是一名销售员，还是在其他领域大展宏图，每天都少不了以教育背景和工作经验为切入点的自荐。你之所以读了这本书，也许就是因为你希望能更好地推销自己。说到推销，在商务谈判上有一手的人都深谙其中的门道，什么话该说，什么话打死也不说出口。对于手上的产品或者服务，你必须了然于胸，把握住推广它们的有效契机。你了解这些的唯一途径就是与你的同事交谈，以及翻阅一切可以为你提供经验的材料或者书籍。

许多成功人士都不约而同跟我说过关于成功销售的秘诀，意思大致相似。其中一位是美国富豪杰克·肯特·库克（Jack Kent Cooke），他在别人少不更事的14岁时就已经知道了其中的奥秘。据估计，杰克的私人资产在6亿至10亿美元之间，其中包括纽约的克莱斯勒大厦和华盛顿红皮队。

记得有一次我有幸和他在华盛顿泽伯特公爵餐厅共进午餐，他给我讲了自己的第一桶金是怎么挣的。大萧条最难捱的时期，当时的杰克还是个小孩子，住在加拿大。人们都很穷，掏不出钱来消费。可想而知，在如此惨淡的光景下开启销售生涯并不合时宜。他妈妈连家里2.5美元的电话费都付不起。

所以，杰克出去自谋了一份挨家挨户上门推销百科全书的工作。这些书附带一套资料，告诉你如何才能成功地把这些书卖出去。凭着14岁孩子的鬼马和自信，杰克把这些建议抛到脑后，他

第 6 章
商务会谈

确信自己可以用人格魅力以及能说会道的口才做成生意。

当然,每个认识杰克·肯特·库克的人都知道他确实自信十足,而且满脑子都是想法。但如果要想成功推销,只有这些还不够,尤其是在他还只有 14 岁的时候。结果出师不利,第一次上门就吃了闭门羹。与杂货店老板皮克林先生的生意谈判给了他当头一击。然后他决定向那些资料取取经,花上两个小时坐下来通读了一遍。

在与第二个潜在客户的接触中,他遵照销售手册中的建议,成功做成了这笔买卖。在交易临近尾声时,他以一个关键问题作为结束语:"你希望我们把这本书送到哪里?"

这之后,他又回头去找皮克林先生,结果和他第一次见面的情况有了很大改观。皮克林先生竟买下一整套百科全书。晚上收工回家,杰克给了他母亲 24.5 美元,当时这一笔钱够付大半年电话费的。

当杰克回忆起这些时说:"我想那是我一生中感到最自豪、最骄傲的日子,连我们得了超级杯都无法企及当时兴奋的心情。"

他之所以能获得成功,是他遵循了两条销售规则:一是全面了解自己销售的产品;二是一旦完成了交易,就不要再继续推销。当他问到应该把书送到哪个地址的时候,事实上一语双关:在达成协议的同时,也完成了本次交易。

除此之外,谈生意还有另一个要遵循的规则:在推销时尽量展现产品的优势,而非产品的特色。不要跟顾客去吹多士炉"高大上"的芯片是如何确保烤制的食物均匀受热的,而要说如果买下这个多士炉就能享用金黄酥脆的英式松饼配上热气腾腾的咖啡当早餐了。在推销保险时，尽量不要谈论保险单的保费及赔付，而要告诉客户保险给他们带来的安全感，以及他们的配偶和子女得知他们未来在财务上没有后顾之忧时的感激之情。

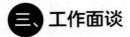 工作面谈

（一）自荐

和你销售过的所有产品和服务相比，自我推销才是最为重要的，所以你要尽力而为。很多场合都需要自荐，也是你在推销任何产品或者服务之前要先做的基本工作。无论是在应聘面试时，还是在日常工作的述职中或者与其他公司合作时，自荐可以让你获得晋升，引来外界对你的关注，从而拓展自身的职业发展，搞得好还能多个赚钱的渠道。几乎每个在生意场上打拼过的人在他的职业生涯中都会至少经历过几次这样的过程。

我自己曾经有过这样的经历，所以深有体会，陆续总结出了4条基本原则。它们曾助我一臂之力，相信也能对你有所帮助。

1. 告诉未来的老板你能为他做些什么

套用一句肯尼迪总统的名言，不要问你的老板能为你做什么，而要问你能为你的老板做些什么。别在面试时复述简历上的内容，这些他们都已经过目了。相反，你应该告诉他们你将如何比其他候选人更好地完成这项工作，创造更多的价值；让老板考量一下

如果他雇用你的话,会有哪些好处。换句话说,你应该去展现自己的优势所在而不是特点。你可以通过向对方介绍你掌握哪些知识和技能来做到这一点,比如说说你在长期深耕的相关领域中积累的专业知识及结识的人脉,还有在过去的职业生涯里培养出的多元能力。

2. 保持开诚布公的态度

又是一个老生常谈的话题。不管是在社交场合还是在商务环境里,如果你想获得成功,保持开诚布公这个品质都是必不可少的。和人交往的时候别总摆着一副公事公办的架势,这会让人觉得你在沟通上有所保留。在言谈之间向对方传达你对这份工作的热情,会增进别人对你的信任感。在求职面试中,鲜有雇主重视这一点,而有这种态度的求职者在未来的工作中会发现这种习惯让他们在职场中脱颖而出。

我认识一位华盛顿公共事务前主任,他说他的老板就曾在后来共事时告诉他,之所以在众多应聘者中选了他,就是因为他明确告诉面试官自己想要得到这份工作的决心,对这一职位有着浓厚的兴趣,并且在之前已经具备相关的工作经验和成功案例,还表态不会拿工作当儿戏。

我还认识一位电影制片人,他在分类广告里刊登过一则招聘秘书的启事。在招聘启事中,除了列出应聘者应该具备的办公室案头工作的技能,他还加了一句:"应聘者必须对工作上心。"在一众应聘者中,只有一位说了:"顺便说一下,我为人认真细致。"结果她应聘成功,得到了这份工作。

而我自己在迈阿密电台找到的第一份播音员的工作也是一段

非常特别的经历。当时的我在播音上是个彻头彻尾的新手、无名之辈。现在想来,当时年轻气盛的我真的空有一腔热情!电台经理就是因为看到这一点才决定聘用我的。他看出这个年轻人值得一起共事,而且会有很好的前途。一晃几十年过去了,而今的我初心未改,依然在当初从零起步的行业中乐此不疲。

3. 做好充分的准备

在自荐之前,先把想要表达的关键点在脑子里过一遍,甚至可以把这些记在黄色便笺本上,在面试前多演练几次。对于那些棘手的问题,别轻易回避,把它们写下来,有空的话想想该如何回答。如果在过去的 7 年中你换过 3 份工作,应该事先想好理由,以防对方"突袭"。如果你想要多做一些准备,可以让别人扮演你未来雇主的角色,模拟面试全流程彩排一次。这种行之有效的方法能让你提高面试胜算的可能性。

4. 学会提问

在这本书里我会强烈建议你多提问题,读到这里一定不足为奇了。无论是在面试还是在地铁上和人闲聊的时候,学会提问一定没坏处。提问是你学习的方式,在求职面试中,不只是公司想要了解你,你也肯定想要了解公司的各方面情况。

面试就是你了解未来公司或老板的绝佳机会。此外,雇主也会尊重那些基于公司现状,主动提出有见地问题的人。因为这能反映出应聘者具备了我们刚刚提到的两个颇具说服力的特质:你早已做好了充分的准备并且态度认真。

曾任明尼苏达州哈维公司董事长兼首席执行官、享誉世界的人际关系大师哈维·麦凯(Harvey Mackay)多次受邀参加我的电台及电视节目，从处女作《与鲨共泳——如何与职场对手竞争合作》（*Swim with the Sharks Without Being Eaten Alive*）开始，他就致力于创作一系列职场成功学的书，并取得了非同凡响的成就。其中最畅销的当属他的第三部作品——1993 年出版的《防鲨：在当今疯狂的就业市场上，获得你想要的工作，抱有工作热情》（*Sharkproof: Get the Job You Want, Keep the Job You Love... in Today's Frenzied Job Market*）。

这本书着重强调提出好问题的重要性，特别针对工作面试就各种问题给出很好的建议。例如，书中提到过，每个公司都喜欢被问到自身的价值观。"如果你所提的问题和公司的价值观、业绩等相关，那你就问到点上了，这也反映出你起码对公司运作的项目略知一二。"

如果这家公司是行业中的领头羊，你可以问一下他们过去取得的成绩。正如哈维所说的那样："一般情况下，成功的企业就像成功人士一样，并不把谦虚视为一种伟大的美德，对于别人的奉承和吹捧也未能幸免。"而且这一点可以从我给企业做的很多演讲中得到印证。相反，如果这家企业在同行业中排名靠后，你也可以问问："你们想要把公司打造成和哪个公司并驾齐驱？打算如何实现这一目标？"

哈维也认同倾听的重要性。一旦你提出问题，"一定要注意倾听对方的回答。不要让别人以为你只看重提出自作聪明的问题，而对于对方给出什么回答、做出什么反应漠不关心"。

（二）当你是面试官时

当你是面试官而不是竞聘者时，你也应该让对方看到你身上具备的这些特质：开诚布公的态度，对工作抱有热情，认真仔细，以及善于提问的习惯。

不要太过于纠结应聘者是否具备职业资格。多和应聘者聊聊，看看他们对这份工作是否抱有热情，是否真对这份工作上心。如果你感到应聘者有点怯场或者害羞的话，可以尝试用第2章提到的一些技巧来打破僵局。如果你在应聘者的简历中发现一些与众不同的特别经历，比如说，求职者曾在中国香港生活过，或者曾效力于马戏团，不妨就这个问题展开聊聊。这往往会让对方放下戒备，拉近彼此的距离，在畅聊中进一步了解其他的工作经历。

情绪是有传导作用的，因此以诚相待和开诚布公也是相互的。作为雇主，你不仅要对应聘者本人坦诚相见，还必须一五一十告诉对方这份工作的真实情况。如果连你一个在职者都没有表现出对公司的热情，怎么还能说动别人来这里为你效劳呢？

（三）和老板交谈

如果我们在包括工作场所之内的任何场合和任何人说话的时候都能以同一种态度或方式的话，那就好了。但事实并非如此，要是真这样的话，肯定碰一鼻子灰。

你和你上司说话的方式，肯定与你和同事、下属说话不是一个腔调。这是人之常情，从称谓上看就不是一个级别，毕竟老板

第6章
商务会谈

不是你的同事。

在军队中,一个少尉对司令长官说话的口吻绝不会和他与其他少尉说话时的一样,更不可能以发号施令的口气跟自己的顶头上司开腔。与同将军谈话时正式严肃的态度相比,在和顶头上司少校说话时,语气会更亲近和随意些。

和老板说话时,谦卑恭顺的态度更能赢得对方的好感。我们所有混迹职场的人都该懂得这一点,当我们和老板说话的时候,我们和他说话的方式都是完全不同的,不仅是在用词上,也会在语调和态度上有所差异。

但是,当你和老板说话的时候,没必要阿谀奉承得像个"马屁精"。我和CNN创始人特德·特纳(Ted Turner)说话时就不会这样,我也从没见过有其他人这么跟他说话,没有必要给他"戴高帽",如果你这么卑躬屈膝的话,恐怕会适得其反,连老板本人都可能会因此小看你。

无论是何种工作而且也不管出于什么原因,不应仅仅局限于面对面的交流,从各个渠道对老板多一些了解,都是有百利而无一害的。当然不是那种哥们儿之间"下班后一起喝一杯"的沟通法。老板毕竟是老板,相处起来不是这种勾肩搭背的范儿。如果让我去了解我的老板,我就会想办法知晓他在公司的职责、对公司的贡献、他本人的优缺点、哪些地方需要改进以及他最关心的事情,就像把自己的工作情况弄得一清二楚是一个道理,一定会受益匪浅。

我从自己和老板打交道的经历中总结出一点经验:如果你和老板和谐相处,根本没必要在如何和他说话这件事上费心。但如果你觉得有什么地方不对劲，肯定有不妥之处。你的"直觉"给你打的电话一定要接，不要顺势不理。

每当举棋不定的时候，你完全可以用一种完全开诚布公的态度去接近老板，并且用赫布·科恩教你那招，请老板"帮帮"你。如果老板直言对你不满，也不必因此流露出畏惧或者愤懑不平。相反，你应该坦率地讲出自己当下遇到的困境，你可以说："我觉得我可以更出色地完成任务。您在这领域见多识广，能告诉我应该注意哪些问题吗？"或者这么说："我不太确定应该如何着手来开展这个项目，您是这方面的专家，如果您能告诉我执行的先后步骤，我一定会照做。"

如果你如此行事，成功必然会在前方等着你，除非你的老板是个偏执狂或者怪咖。如果真是这样人的话，我劝你趁早跳槽，别再挖空心思在他那里攻关了，问题出在老板那里，而不是你说话有毛病。

（四）和下级交谈

和下级交谈有一个简单易行的经验之谈：你希望老板以什么方式跟你交谈，你就以这种方式对待和你共事的下级。

在大型企业里，通常会有正规的员工考核体系，明确了每个员工的任务或目标。但在规模较小的企业中可能就没有正规的制度可言了。但无论正规与否，这样的评估体系都旨在实现我们这里所说的——确保定期能和每个员工沟通一下，告诉他们所做工作的具体要求是什么，你觉得他们还可能在哪里做得更好，以及在下个阶段的评估期需要特别注意什么，等等。

就是人力资源专家在这里也会告诉你，这样的评估过程应该是双向的。也就是说，你告诉手下员工应该如何去执行任务，与此同时，你也要悉心去听听员工对你的看法和评价，他们认为办公室的管理和运作有哪些优缺点，以及你在其中发挥的影响力，还有他们认为你可以在哪些地方改进从而更上一层楼。

然而，定期召集员工召开评估会议只是沟通的一种方式而已。这种形式有别于私下随意的谈话聊天。如果每半年才勉为其难作一次评估就太流于形式了。与其把评估作为公司的规定任务，不如就在日常的工作氛围中指导员工做得更好，并给出明确指示。如果在工作中有时间上的要求，那么确保他们要理解这一点，对于企业来说时间就是金钱，明白了这一点，就不难给出一个最后时限了。而且，还要鼓励他们多提问题，这样就能保证他们确实理解了你的要求。

每当员工出色完成工作时，不要吝啬表扬和赞美。当然，如果你对他们的工作完成情况感到不满，也应该立刻告诉他们。不要抱着问题会消失、不了了之或者自行解决的幻想来避免冲突，也不要把问题拖延一周之后，到那时你八成会火冒三丈、血压飙升，对手下勃然大怒。这种石器时代的发泄方式早就不起效了，这会导致你与团队成员之间出现无法弥合的裂痕，而且你也会在其他员工那里留下无能者脾气大的印象。

另外，也不要对员工动心机耍手腕，向其他下属吐槽你的种种不满，并"利用"他们为你散播信息。要有专业精神以及诚信正直的态度，敢于挺身而出解决问题。

超级沟通力
美国传奇主持人拉里·金的说话之道

1. 助理的作用

那些曾经被称作"秘书"或"得力助手"的员工,现在常常被称作"助理"。不知为何,每次想起过去的称谓总有一种和自己约会的感觉。但是无论他们更偏爱哪种称呼,他们始终都被视为办公室高效运转的秘密武器,也是整个团队环环相扣、精诚合作的保障。老板的工作效率有了显著的提高,而且有了他们的辅助,其他同事也会在工作中事半功倍,高效完成任务,对于你来说也是如此。

就我自己而言,和我一起共事的每个人都知道,有关我日程安排的所有事情都托付给了我的私人助理,也是《拉里·金现场》节目联合制片人之一的朱迪·托马斯(Judith Thomas)。有人可能为了电联我花上一周的时间,但如果联系上了朱迪就不一样了,在几乎任何情况下,她都可以亲自回答你的问题,而且为你在我的日程表上找到空档期并安排妥当,在这方面她简直无人能及。为此,她受到多方邀请写一本关于这方面的书,并且书名就叫《给朱迪打电话》,因为如果有人要约我见面或者想电联我商量点事情,我就会脱口而出:"给朱迪打电话。"

如果你需要的只是一些简单的信息,最好先和他的助理谈谈。比起事务繁忙的老板,助理通常能更迅速地调出文件或完成预约。与其给老板留言让他回你电话,不如直接找他的助理,何必拐弯抹角。求助于助理可以节省出你们三个人的时间,并让你及时得到想要的信息。

如此看来,你要信任助理的个人能力,相信他们有足够的专业知识可以应付。对于任何组织机构来说,一个好的助理无异于一笔财富，理应得到相应的待遇，这么做就是留住人才的明智之举。如果你以一种职业的、恰如其分的方式和他们交流，一个感到自己被赏识和重视的助理会竭尽全力帮你。

2. 谈判时的沟通技巧

我的朋友赫布·科恩是个多才多艺的家伙，除此之外，他是个职业谈判专家。每年有 200 多天在外出差，为美国各大公司处理谈判事宜。他的作品《谈判无处不在》（*You Can Negotiate Anything*）曾连续 9 个月位列《纽约时报》畅销书排行榜，连续 3 年登上澳大利亚畅销书榜。他还是卡特总统和里根总统的反恐问题顾问。赫布从谈判中了解到了不少事情。

他第一次跟人交涉，也是能令他炫耀一生的谈判。早年间，那时的我们还在本森赫斯特初中读九年级，即将升入拉斐特高中。可以说，这是一次堪称教科书式的谈判，即使在处境不利的情况下，仍然能在谈判中占上风从而反败为胜。

我和赫布·科恩，还有布瑞兹·艾贝（Brazzie Abbate）堪称班里的"铁杆三剑客"，我们有个同学叫吉尔·梅迈尔斯坦（GiL Mermelstein），我们叫他"扫把头"，因为他那一头浓密红发看上去像极了一把扫把。有一天我们发现因为吉尔得了肺结核，此后他们一家人匆匆搬到亚利桑那州。我们本应该把这个消息告诉学校，但赫布冒出个鬼点子，与其说"扫把头"搬家了，不如撒个谎说他死了，然后我们就可以把大家集资买花的钱挥霍一空，去我们最喜欢的聚会点纳斯尔店，买热狗和饮料海吃一顿。

不幸的是，我们的计划得逞了，还顺理成章让校方也铺张了一番。校长办公室在听说"扫把头"的"死讯"之后给他家里打电话，发现他家电话确实已经撤了。校方对他致以深切哀悼，而我们却借机发死人财，在纳斯尔店大快朵颐。不过，事情还没有就此打住。我们当时的校长、"吉尔·梅迈尔斯坦纪念奖"的创始人欧文·科恩（Irving Cohen）博士，把每年奖励给优秀生的奖项颁给了我们，以表彰我们为纪念"扫把头"发起的筹款活动。

尴尬的是，在校方正在会上为"扫把头"念悼词时，"扫把头"竟然现身了。当科恩校长在校会上表扬我们为纪念"扫把头"所做的一系列善举时，他鬼使神差地从礼堂后门进来了。他的身体好多了，谢天谢地，赶上秋季学期回来上学了。

当赫布看到"扫把头"，他一时惊得快跳起来了，把手拢在嘴边朝后面喊话："'扫把头'快回去！你都已经死了！"同学们听到了，嗅到了其中必有蹊跷，笑得前仰后合。科恩校长眉头一皱，发现事情并不简单。接下来就是我们青少年时期的至暗时刻，但也是谈判的胜利让我们看到了光明。

科恩校长把我们叫到他的办公室，然后开始训话："我勒令你们暂时休学，不准毕业。今年不可能毕业，明年、后年哪年都别想拿到毕业证了……我在学校这么多年，就没见过你们这么卑鄙的学生。"

当我和布瑞兹沉浸在被"终身监禁"而不能"假释"的悲伤中时，赫布开始了攻势。他对校长说："博士且慢，还请您明察秋毫啊。"

"你跟我说什么？"

"如果您真的要拿我们3人开刀，您的职业生涯无疑就此终结了。"

第6章
商务会谈

科恩博士问:"你什么意思?"

赫布继续说:"没错,我们毕不了业了,但即便如此,那您又能怎么样呢?"然后他使出了撒手锏:"如果您真要勒令休学,还需要经过听证会吧。在听证会上……有人可能会问,为何您会轻信3个13岁孩子说的话?您为什么不亲自调查一下事情的来龙去脉呢?"

科恩校长说:"我们调查了。"

赫布继续说,我们不想管校长您称为"博士",真的想明目张胆地叫您"毁"人不倦的"博士"。"您难道不能深入了解一点吗,博士?您给他们家打了个电话,接线员说电话撤了。您就仅仅凭这么一通无法接通的电话,就在他的档案里写上'死亡'二字吗?我们3个人之前已经有过不良记录了,而您就打了一个电话就敢信以为真?"

然后,赫布义正词严作了总结:"博士,我们也许会被勒令休学,但您也会因此而失业。"他停顿了一下,然后掷地有声地补充道:"我们为什么不把这件事抛在脑后呢?"

赫布的谈判大获全胜,成功为我们三个人扳回一局。他的第一个对手科恩校长同意既往不咎,而且同意让我们顺利毕业。

"诈尸"事件之后,赫布开始规划将谈判作为自己的事业。尽管他的客户遍布国内大企业的高层或跨国集团的老板,他总能以平常心去对待,把谈判的档次放到日常处理银行贷款的水准来展开。在《谈判无处不在》里他就写道:

> 如果你去银行贷款的话,可以试试这个方法:如果你是

个男士，穿上灰鼠制服三件套，这种衣服去银行贷款不穿更待何时？如果你是女士，就穿上保守的套装，再戴上一块昂贵的金表。如果能借到的话，配上一把美国大学优等生荣誉学会（Phi Beta Kappa）出品的钥匙就再合适不过了。然后找3个朋友陪你去，也照你的穿着档次打扮，当你的"左膀右臂"。你们就以这个范，走路带风地进入一家银行，招呼服务人员："嘿，看过来！你们目中无人是吗？我这样的公司高管大驾光临，把你的臭钱拿远点，别让我闻见铜臭味……那些黄金钞票都不值得我去看，我正要去寄信。"如果你以这种派头出现的话，银行的信贷经理会一路陪着你走出银行，恨不得大气不敢出地跟你走到家门口。

赫布要表达的意思是，不仅是你的语言，你的外表和肢体语言都必须散发出成功人士的霸气，任何一方面的颓势都可能满盘皆输。只要你强势出场，就能在谈判中占上风，即使现实中你并不具优势。

3. 鲍勃·伍尔夫法则

无论你为了什么而去谈判，根据我的经验，你都应该在语言上向鲍勃·伍尔夫（Bob Woolf）取取经。鲍勃之所以叱咤美国娱乐界、体育界和新闻传媒界，成为明星大腕、体育健将等家喻户晓的名人的幕后推手，绝非偶然。客户主动找上门去，连对手都敬他三分。因为他说话和打交道的方式如出一辙，不仅说一不二，还有着让人信赖的专业精神，有他在的地方就有欢笑。

这就是为什么我总是骄傲地告诉别人："我的经纪人是鲍

第 6 章
商务会谈

勃·伍尔夫。"我一直觉得，鲍勃这样令人起敬的人做我的经纪人，也是对我的褒奖。

鲍勃说话从不夹枪带棍，也不会冷嘲热讽、阴阳怪气。他把谈判的一方视为值得尊敬的对手，而不是我们的死敌。因此即便是坐上谈判席，他也和私下交流没什么两样。他不会用威胁的口吻跟波斯顿凯尔特人队说："如果你不给拉里·伯德他想要的东西，我就告诉他不要去训练营报到。"他从不相信推卸合同上的责任或者威胁会在谈判中起到什么良性作用。他绝不会跟特德·特纳这么说话："如果你不按我们说的要求来，我保证今晚拉里·金一定不会上节目，准备好重播吧！"

他明明白白让我们清楚还有其他选择，不必委曲求全，而且在许多场合确实可以弹性处理。强硬威胁，甚至置对方于死地不是他的性格和行事方式。

他从不认为高额代价的短期胜利值得一试。他过去常常提醒我，那种让你放手一搏赚上几桶金的业务，很可能结清后就和对方两不相欠，缘分已尽再无往来。如果是这样的话，那么你的成功是短线的、经不起推敲的。在这一点生意经上，赫布·科恩和哈维·麦凯英雄所见略同。

所以从自己的经验出发，以及我和包括我那3个朋友在内的多位专家的交流中，总结出了一条终极建议：重修旧好，左右逢源，成功还会在下一站等你。

正如我在这一章里所说的，如果你做事和讲话向他们看齐，成功指日可待，将来也会有所成就。

4. 开会

提到开会,每个人好像都有一肚子怨气,所以是时候有人站出来为它们撑腰了。关于会议,有很多话要说:如果一起共事的几个人不得不就某件事、实现某个目标作出决定或者计划时,开一次畅所欲言、全面讨论的会议无疑是最佳之选,也是最行之有效的方法。但如果赶上话不投机半句多,总也达不成共识的会议,那种感觉你知道的,纯属相互折磨。

关于会议,下面有几点需要引起重视。

(1)如果你是参会者

一是最节省时间的方法是不参加。如果你没有必要出席,完全可以编个理由说自己有事或者告假。

二是少说为妙。一旦你列席了会议,如果你没有参与到正在讨论的话题中,就别为了博众人的关注而发言。

有些人觉得如果他们参加了讨论,其他人就会记住他们作出的贡献,纯属刷存在感。事实上,与其在每个问题上都说两句发表意见,不如在关键时刻一鸣惊人。

我曾在华盛顿听说过一个关于美国第三十任总统卡尔文·柯立芝(Calvin Coolidge)的故事。柯立芝收到了他就任总统之后的第一笔薪水支票,财政部派来的信使试图在白宫总统办公室逗留,拖延着不肯离开,他想看看这位来自佛蒙特州乡下的总统平生第一次看到这么一大笔支票后会作何反应。

当柯立芝总统问他在等什么时,他说自己只是好奇想要知道总统收到支票后的反应。

第6章
商务会谈

柯立芝总统低头扫了一眼支票,然后抬头看了看他说:"欢迎再来。"

他有个外号——"沉默的卡尔"(silent cal),足以见得他是出了名的不爱说话。组团来参观白宫的其中一位女士喝茶时跟他搭讪:"总统先生,我跟一起过来的人打了个赌,我能让你开口说出不少于三个字。"

柯立芝总统回应她:"你输了!"

她输了这个赌注。但还有另外一赌可以一试:当柯立芝总统开口说话时,人们都会竖起耳朵聚精会神倾听。

三是不要刻意贬低别人。如果你参加过各种各样的会议,你就会发觉会上讨论的内容充斥着根本没必要说的废话,和议题毫不相关的彻头彻尾的蠢话,这些繁杂冗余也是生活的一部分,你不得不忍受。即便如此,也要克制冲动,千万不要站出来指责谈判的对方,哪怕他刚才所说的是你听到过的最愚蠢的话。你当时的几句牢骚可能会让人记恨你一辈子,有百害而无一利。

四是提一些明知故问的"傻问题"。会议中很容易形成一种"随大溜"的趋势,比如,有人在会议开始时提出一些观点,然后其他人就会对他的想法表示认同,表达的意思也都以他为中心。那么这时就需要有人主动提出一个明知故问的"傻问题"来扭转这种趋"言"附势,就像《皇帝的新装》里有人问:"皇帝没穿衣服站在那里难道不冷吗?"

五是不要跑题,想说什么说什么。如果事先知道自己要发言,或者迫切想要特别强调一下某些观点,最好预先打个草稿。如果你即兴发挥,想说什么就说什么的话,肯定会滔滔不绝说个没完没了，原本为你撑腰的同事都会听得不耐烦。之所以会啰里啰唆离题万里，是因为你对自己要表达什么摇摆不定，欲言又止，用了好多无意义的口头语，这样的话，你的演讲一定会大打折扣。

六是有时幽默一下也无妨。开会时偶尔幽默一下，特别是在会议拖得太久但没有人提议茶歇的时候。我就认识这么一个人，他住在华盛顿，20世纪80年代的时候，他参加了一场冗长而乏味的会议，会上就如何将出租公寓改成分户托管公寓展开讨论。这个会开了很久，却没有达成有效共识。眼看执行董事迟迟不肯拍板，这个人直截了当地说："作为一个罗马天主教徒，我坚决反对使用托管公寓。"八竿子打不着的事放在一起能不搞笑吗，会议就到此结束了。

（2）如果你是会议召集者

在房地产行业，他们说的最关键的三件事莫过于"地段、地段、地段"。而举行会议的三大关键要素即准备、准备，还是准备。所以务必要有一个议程，即使是非正式的小会，多少写几笔也能大致勾勒出会议概要。这就大大提高你达成既定目标的机会，在会议结束后有所收获。

除此之外，还需要注意以下几方面。

一是准时准点开会。这一点听上去容易，回想一下你参加过的会议有多少没能准时开始。如果要想闲聊几句的话，就在会议前后抽空去走廊里说吧。如果你在会议开始时先和与会者聊起前晚的足球赛，那么这注定是一个拖泥带水、没有定论而草草收场的会议。

二是有决断力。开会之前，要先确定会议的主要议题。每项议题都需要敲定的是采取什么行动以及由谁执行。如果这些都弄不清，开会也白搭。

三是立场坚定。严控每个人的时间节点，不要让他们浪费会议时间。你也不必指责他们，每个人都能注意到时间到几点了。只需说："对不起，彼得，我们要进入下一个议题了。"不必担心你会因此在与会者印象里留下唐突或者粗暴无礼的印象。如果你主持的会议正中问题要害而速战速决，会赢得大家更多的感激和敬意。这比让大家东拉西扯闲聊一通更有效率。没有章法的畅所欲言对于解决问题毫无效果。

为了避免碰上一场糟糕的会议，不如想想莎士比亚说过的一句话："亲爱的布鲁特斯，错误不在会议，而在于我们自身。"

四、PPT 演示

PPT 演示是公开演讲的一种形式，我将在后面的章节中谈到。如今的演讲不仅仅是随口说说而已，在这个视觉化的时代，你可以有效利用幻灯片、图表和视图等视觉辅助工具，将你所讲的内容与观众所看到的内容结合起来，打造视听盛宴。

罗斯·佩罗在 1992 年竞选总统时就展现出了图表的重要性和有效性。他当然不是这项技术的发明者，多年来，咨询顾问、广告商和其他领域的人们一直在使用色彩鲜艳、易于理解的图表，以此作为展示他们案例的有效工具。老师们也在PPT制作上颇有心得，你肯定听说过，连小学一年级都在使用"视听演示"配套课程。

自从第一面国旗被设计出来，视觉教具便顺理成章成了政治的一部分，有时他们甚至会略施小计，耍耍手腕。我所知道的最有效的视觉辅助工具莫过于肯尼迪总统在他的《和平策略》（*The Strategy of Peace*）一书中透露的情节。

19世纪40年代，时任美国国务卿的丹尼尔·韦伯斯特（Daniel Webster）和英国特使阿什伯顿勋爵拟定了旨在解决美加两国边界争端问题的草案。肯尼迪在书中写道："伴随着双方的全民反对声，这份草案得以出台，即便当初应援者寥寥无几，但并不影响两国的和谐关系延续至今。"

1842年，美加两国签订的韦伯斯特-阿什伯顿（Webster-Ashburton）条约遭到了双方国民的反对，韦伯斯特先生和阿什伯顿勋爵都背负着牺牲民众权利的罪名而备受谴责。但他们最终力排众议，各自使用了不同的地图成功说服了参议院和国会，让同胞和立法者相信这个条约的公正和可行性。一个多世纪以来，这份爱恨交织的解决方案为美加两国带来了繁荣昌盛，其价值超过当年所有有争议领土的数千倍。

所以，当你作演讲的时候，不仅要注意自己说了什么和怎么说，还要注意如何将其呈现出来。

关于视觉素材的最后一点需要注意的是，如果你想用PPT演示，最好预先抽空练习一下。如果你在演讲中途停下来摆弄来摆弄去的，或者你讲得正起劲的时候，对面的观众看到的却是一张倒置的图表或者幻灯片，那就太尴尬了，所以玩不转的话，还是别冒险用了，不能锦上添花反而会让人喝倒彩。

五、史丹格尔式谜语：糊里糊涂蒙混过关

视觉辅助工具可以帮你厘清思路，但偶尔你可能会发现，说话模棱两可也不见得一点好处也没有。

当然，政客们早就尝到了含糊其辞说话的甜头，他们在回应时说一些没有实际意义的空话套话，防止被别人抓住把柄。但在糊里糊涂蒙混过关上表现得最高明的不是政治家，而是美国扬基棒球队的主教练凯西·史丹格尔（Casey Stengel）。

史丹格尔把这种说话技巧升华为一种艺术形式，当他试图回避一个问题，甚至想让对方一脸迷惑时，他就说一堆废话，却好像什么也没说一样。只要他想让对方明白自己所说的话，他就能说得清楚，但当他使出独家秘籍时，他就会不动声色，转弯抹角说一些令人不明就里的话，后被称为"史丹格尔式谜语"（Stengelese）。

1958年7月9日，史丹格尔在美国参议院小组委员会上的演讲至今仍被视为无法超越的经典。田纳西州的参议员埃斯蒂斯·基福弗（Estes Kefauver）是这个反托拉斯和垄断委员会的主席。当时他正在主持一个听证会，讨论顺延最高法院在20世纪20年代给予美国职业棒球大联盟的反垄断法豁免权。史丹格尔和他队里的明星球员米基·曼托（Mickey Mantle）一起被邀请作证。

参议员基福弗问史丹格尔是否在小组委员会面前支持这项法案。以下是史丹格尔回答的片段：

> 嗯，我不得不说的是，棒球队今天取得了有目共睹的进步有赖于队员的共同努力……我没有参与福利金的制定。不过这里有的是年轻人，他们代表着球队俱乐部，也可以代表着全体球员。既然我不是福利金制定小组的成员之一，也就不会从这中间获得什么好处，你可能会这么想，我的天啊，他这样的人应该加入其中，但我想说的是，这对全体队员来说是件好事。也就是出于此，我要站出来为球员们说句话，他们确实有一份较为完备的福利金。我想这大多是通过广播和电视赚来的，否则你就没有足够的钱来支付这类费用。

史丹格尔这一通话把所有人都说蒙了，在如此混乱的氛围中，基福弗说："史丹格尔先生，我不确定我是否把我的问题说清楚了。"

外号"敷衍先生"的史丹格尔答道："哦，是的，先生，不要紧，我也不确定我是不是能把问题给你回答清楚。"

基福弗一时间无所适从："我在问你，先生，为什么美国职业棒球大联盟期待着这项法案通过？"

史丹格尔见势开始发大招，话锋一转顿时含糊其辞起来：

> 我想说我不知道，但是我还要说，他们之所以希望这个提案通过是因为他们希望棒球能继续保持球类运动最高薪的

第 6 章
商务会谈

水准,纯属从棒球的角度来说,而不谈其他别的什么球类运动。我在这里不会太涉及其他运动项目,我就是从事棒球的。迄今为止一个世纪以来,它是所有买卖交易中最清白的事业。我不是在说通过电视赚取的收入,也不是在说棒球场的收入。你们应该把这些都剔除出去。我对此了解不多。我想说,现在这些球员的福利相较以前已经有了很大的改善。

参议员基福弗被史丹格尔这一席话说得越来越糊涂,还在探究问题答案的他最终转向了坐在证人席上史丹格尔旁边的米基·曼托。他说:"曼托先生,对于在棒球运动上实施反垄断法,您有什么看法吗?"

米基·曼托身体前倾,凑近麦克风说:"我想的和史丹格尔先生差不多。"

第 7 章
最佳 / 最糟嘉宾

- ♥ 最佳嘉宾所具备的四大特质
- ♥ 集四大特质于一身的优质嘉宾
- ♥ 那些"相忘于江湖"的嘉宾
- ♥ 从最佳 / 最糟嘉宾身上学到了什么

我巡回演讲时最常被问到的一个问题就是,"在上过你节目的嘉宾里,您和哪位对话感觉最好,还有和谁最聊不来?"在本章里,我就揭晓我的最佳/最糟嘉宾,而且这个答案也会告诉我们,如何展开一场交谈甚欢的对话。

一、最佳嘉宾所具备的特质

我从4个方面来衡量嘉宾的潜力和表现。除了要考虑话题的热度及时间档期的安排之外,当制片人和我讨论邀请某位嘉宾来我们的节目时,他们是否具备这些特质是我们拍板做决定的关键。如果一个人身上同时具备这4个特点,那么他一定会是个非常不错的人选。我们邀请的嘉宾至少要具备其中的3种特质。

我心目中优质嘉宾的人选最好是:

一是对自己所从事的工作充满激情。
二是能清晰阐释自己的工作,激发观众的兴趣点,并使他们想要深入了解。
三是满腹槽点不吐不快。
四是有幽默感,敢于自黑。

当然,优秀的脱口秀节目主持人和好的谈话对象不能相提并

第7章
最佳／最糟嘉宾

论。《拉里·金现场》并非一档关于我的节目，所以如果比尔·克林顿来上节目，接着花一个小时向我发问，我可能会美滋滋地乐开了花，但我的制作人未必会看得上。所以我希望上节目的嘉宾们能够谈谈他们自己，尤其在他们所投身的领域多说两句，这样的话会吸引更多观众。不过在大多数情况下，我觉得优秀的脱口秀节目嘉宾会和受欢迎的晚宴或者鸡尾酒会来宾不相上下。

在大多数人看来，有心结的人往往金口难开，但有时逮到合适的机会，他们也会不吐不快。如果你刚刚和市政厅或者县政府争执了一番，才让扫雪机开到你家所在的街道，那么你会成为餐桌上最活跃的那个。还需要你的其他特质在宴会全程表现出来，如幽默感。还有如果百货公司的售货员告诉你她下午5点下班，让你找别人帮忙，想必大家都遇到过这种满腹槽点的事，一说到这些都会不吐不快，这一席肯定不会有冷场的时候。

二、我的最佳嘉宾

事实上，我在前面已经提到过这个集四大特质于一身的优质嘉宾——弗兰克·辛纳屈。他理所当然对自己的工作充满激情，而且比其他任何人都更熟悉自己的老本行，而且一提起在新泽西霍博肯经历的成长岁月就是一堆糟心事，唠唠叨叨吐槽个没完。

他对新闻媒体没兴趣，也不愿意跟记者打交道。但是在脱口秀节目上，如果主持人和他投缘聊得来的话，辛纳屈就会很放松，放下戒备畅所欲言。这一点很重要。他会回答任何关于他的生活、事业以及音乐领域的问题，而且有一说一，绝没有空话。最重要的是，辛纳屈尽管给人留下了带刺易怒、负能量爆棚的印象，可能随时会让提问者见鬼去，但他骨子里的确是个有幽默感的人，而且愿意以自黑换得观众的欢笑。

辛纳屈曾给我讲过一个他自己的故事。有一天他在好莱坞的蔡森饭店就餐时，唐·里克斯（Don Rickles）走到他餐桌前说想请他帮个忙。唐·里克斯刚结婚不久，和妻子一家人坐在一起。

"弗兰克，你能和他们打个招呼吗？"

辛纳屈说："不，我不好意思过去。请他们过来吧！"

唐·里克斯又提议说，如果弗兰克能过去他们那桌，这样他在妻子一家子面前就会逼格倍增。辛纳屈点头同意了。

于是，他一路穿过餐厅，走到了唐·里克斯一家的餐桌旁，拍了拍唐·里克斯的后背，说他很高兴能在这里遇到他的好友。

然而唐·里克斯却说："滚开，弗兰克。你没看见这是我们家庭聚会，捣什么乱！"

弗兰克边说边笑讲了自己的亲身经历。这种自嘲式的幽默感使得他成为脱口秀节目主持人所期待的那种优质嘉宾。

以下就是我最佳嘉宾的全明星阵容，他们都至少具备我所说的4种特质之中的3种。

（一）美国民主党政治家：哈里·杜鲁门（Harry Truman）

借用菲利普·威尔逊（Flip Wilson）的一句老话：眼见为实。

哈里·杜鲁门是个不折不扣的四星级嘉宾。他对自己的工作充满激情，对于当下的时事和历史了如指掌，深入浅出，说得头头是道。他是个暴脾气，尤其对于新闻媒体和共和党人，但是也最敢拿自己开涮，令大家捧腹大笑，这一点几乎无人能敌。

（二）美国职业棒球球员兼经理人：泰德·威廉斯（Ted Williams）

他不仅是我所见过的最伟大的击球手，也是一位在节目中非常出彩的嘉宾，原因与杜鲁门如出一辙，他就是棒球界的约翰·韦恩。

威廉斯之所以成为最佳嘉宾，原因之一是他对新闻媒体怀恨在心。对传媒界厌恶的人往往能成为很不错的节目嘉宾，因为很多观众和他们一样对满天飞的八卦恨之入骨。当然，在很多情况下，名人与媒体的关系唇齿相依，那些谴责媒体的嘉宾反而靠媒体赚足了流量和热度，在他的整个职业生涯中起到了不可估量的作用。

但威廉斯在击球时可沾不到媒体的光。他成为最近半个世纪以来唯一击球超过400码的球员，这完全是他单枪匹马缔造的奇迹。因此，当他在节目上开始回怼那些曾被他称为"键盘上的黑骑士"的写手时，为他撑腰的电话此起彼伏响个不停。当他谈论政治时，他的观点在很多人看来都是有失偏颇的，包括我在内也有这种感觉。但是请上帝保佑泰德·威廉斯。我喜欢这个家伙，无论是作为节目的嘉宾还是私下交往的朋友，他都散发着独特的人格魅力。

（三）美国前总统：理查德·尼克松（Richard Nixon）

理查德·尼克松也确实是个很不错的对话嘉宾，不过在我的第四条标准幽默感上，他却表现得不尽如人意。他很乐意拿自己开涮，但有时说不到点儿上，抑或是观众接不到他抛出的"梗"，总之他在这方面费力不讨好是常事。

但以另外3个标准来看，他表现得颇为突出。他每次露面都令人印象深刻，所以他是我节目的常客。尼克松的分析能力是所有嘉宾之中最无懈可击的。这个人好像什么都能分析得头头是道，然后还能一五一十跟观众解释清楚。如果我有一个广播电视网，我就会聘请尼克松来帮我分析运营、长期目标以及我们实现这些目标的方法。如果你在1993年或者1994年初让尼克松解释朝鲜政府对美国构成的威胁，他会告诉你所有可能的答案，并能向我们的观众作出清晰、生动的阐释。

在这4种特质之外，尼克松自身还具备一个额外加分项，那就是他对许多不同的话题都感兴趣，这使得他在众多嘉宾中脱颖而出。无论是演艺圈、流行音乐还是棒球，他都颇有谈资，尤其是棒球。体育运动是他一大爱好。他在晚年的几次采访中都谈到过，如果他没有选择从政，他希望自己成为一名体育节目主持人。

他和女婿戴维·艾森豪威尔（David Eisenhower）共同掌管着一支罗特西联盟棒球队。有时他在电视看比赛不过瘾，还时常亲临现场看球。而且他在赛场时做过两件令我肃然起敬的事：他坐在台下的底层看台而不是和那些百万富翁一起坐上面视野宽阔

第 7 章
最佳/最糟嘉宾

的包间,而且他在那里看完了整场 9 局比赛。

尼克松有着广泛的兴趣爱好。这个额外的加分项使他成为所有脱口秀节目主持人梦寐以求的嘉宾。和尼克松在一起,你永远也不用担心话题枯竭,无话可说。

(四)美国政治家:阿德莱·史蒂文森(Adlai Stevenson)

在肯尼迪时代,我曾在迈阿密的节目中采访过时任美国驻联合国大使的史蒂文森。一开始他让我称呼他"州长"而不是"大使先生",因为他曾当过几年伊利诺伊州的州长。

他说话简明扼要,那双蓝眼睛好像会说话似的。他两次竞选总统都以失败告终,并且两次都与艾森豪威尔交手,遇到艾森豪威尔谁还能赢得了?阿德莱·史蒂文森输了,但他却激发了美国年轻人投身公共服务、关心时事的兴趣,甚至在肯尼迪执政之前就有了这样的社会风潮。他是我第一个投票支持的总统候选人。当他出现在我的节目上时,我破例做了一件前所未有的事情,当面向他表达了我的尊敬和仰慕。

在节目开始的几分钟,我对他说:"州长先生,我不常在直播中说这样的话,但我曾为你投过票。你是我心目中的英雄。我非常钦佩你。"

那双眼角带笑纹的蓝眼睛像往常一样闪闪发光,每当他要冷嘲热讽之时就露出这副神情,他说:"我们从未见过面,但我第一眼就看出你很会看人。"

史蒂文森有着渊博的知识，还是个高超的交际达人，不愧是个卓尔不群的嘉宾。他比同时代的任何人都更善于表达自己——或许超出他们不止一星半点，以至于落下了个"老学究"的名声，一位高于普通美国人智力水平的知识分子。这个特质非但没有帮上他，反而伤害了他。

但是作为节目嘉宾，他的这种特质却让人拍手叫绝。我从没感觉到他有过愤懑不平，也不会动不动就跟别人气急败坏，但他却完全符合我提出的另外3项标准。而这种自嘲式的幽默感表明，他具备很多伟人都有的一个特质：他从不把自己当回事，也没觉得自己有多了不起。

这听起来似乎自相矛盾。你可能会认为，一个人如果能站上某个国家或者全球的巅峰，那他肯定特别自我，但事实却恰恰相反。很多政界和商界的领导，娱乐圈的顶级巨星，以及其他领域的先锋领袖都因为自信，而不会过于看重自己，也不会在任何事情上过于较真。这也是优质嘉宾的标准之一，但并非必不可少的要求。

（五）美国司法部前部长：罗伯特·肯尼迪（Robert Kennedy）

罗伯特也是一位颇具幽默感的人。有他在的现场，气氛感十足。而且他敢于在听众和观众面前放声大笑或者拿自己打趣刷存在感。

在他任职华盛顿期间，用"冷酷无情"形容他再合适不过了。

第 7 章
最佳 / 最糟嘉宾

但在我采访他的时候,他从没对我冷脸相对。让你意想不到的是,我觉得他是我所有嘉宾中最有趣的一位。而且他的笑容是我见过最灿烂的。

(六)美国政治家:马里奥·科莫(Mario Cuomo)

我觉得如果说科莫是那时美国最好的演说家,一点也不为过。不管他事先有没有准备讲稿,他都表现得同样出色。他会挑战访问者,因为你不得不跟着他的思路脑筋急转弯。1984 年,在旧金山的民主党大会上,科莫州长发表了著名的主旨演讲,当时我也在场。当时会场激动人心的气氛令我至今难以忘怀。

我碰巧站在俄克拉荷马州代表团旁边,听到其中一名代表说:"我不认识那个人,但他提醒了我自己为什么加入民主党。"无论是在会议演讲台上还是在脱口秀节目嘉宾席上,科莫都能达成类似的效果。

马里奥向我讲述了他于 20 世纪 50 年代在匹兹堡海盗队担任外野手的经历。他被投球击中头部,不得不缺席几场比赛。几天后,他在赛前练习的时候,布兰奇·里基(Branch Rickey)走了过来——他可是个响当当的天才球员,我年轻时,他曾效力于布鲁克林队,现在他已经荣升为匹兹堡队的总经理了——里基跟科莫聊起了他的职业生涯。他对科莫说:"孩子,你这个水平进不了大联盟。但你很聪明,去法学院绰绰有余。"

马里奥接受了里基的建议,他有着成功人士的另外两种特征:从别人的建议中去粗取精,有选择性地接受,而且在认清自己长处的同时，也能直面自己的短板。

（七）传教士：比利·格雷厄姆（Billy Graham）

这位也是个有号召力的人物，他在任何一档节目都能挥洒自如，发挥出色，也正因为如此，他总排在我的嘉宾备选名单的前列。从某种意义上说，他是个非同寻常的人——他是个没脾气家伙，反倒愿意帮那些一肚子火的人排忧解难。

他是一个充满活力但性情温和的人，涉猎相当广泛。1994年4月，他刚从朝鲜回来没几天就上了《拉里·金现场》节目。当时美朝局势颇为复杂，时任朝鲜最高领导人金日成去世前3个月，两国关系因朝鲜的各种举动而日益紧张。他替金日成给克林顿总统捎来一个消息。

我问他能否透露一下消息的内容，被他当场否决："不行。"敢情一下被他制止了。于是我们就进入了下一个主题。然而，格雷厄姆牧师还是为我挽回了一点面子，笼统地谈一下朝鲜局势，以及他自己向世界各国人民传播福音的新计划。他总散发着迷人的魅力，而且消息灵通。

我和比利·格雷厄姆真是一组超级默契的搭档，我确信其中一个原因是我不是无神论者而是不可知论者（无神论者不相信有上帝，不可知论者对一切存疑）。

我成为一个不可知论者，还要追溯到我好奇心强、刨根问底的天性。这些年来，一方面，我在节目内外向很多人提问关于上帝的问题。当嘉宾是神职人员或者是神学家的时候，不可知论者对他们进行采访再合适不过了,因为他们的好奇心驱使他们不断地追问为什么。另一方面,无神论者在采访中并不出色,因为他们对自己的信仰坚信不疑,认为上帝是不存在的。不可知论者认为"我不知道",然后满怀好奇不断地问起那个"迷之伟大"的问题:为什么?

对于这个问题,比利·格雷厄姆总能给出合理、人性化的答案。他是我所看到的电视上最让人信服的传教士。这也就是他频繁出现在我的广播电视节目里的原因。

(八)投资分析师、亿万富翁:迈克尔·米尔肯(Michael Milken)

这位被称为"垃圾债券之王"的亿万富翁虽然涉及 6 项与证券欺诈有关的重罪而被判入狱,但无论如何都无法改写他是一位优秀脱口秀节目嘉宾的历史。他是我认识的屈指可数聪明绝顶的人。他成功地将美国一些领先企业如美国微波通信公司、特纳广播公司、塔可贝尔公司等整合在一起,由此可见其过人的胆识。

我在采访中,发现他是个善于沟通的人,总能对我的提问给出真诚实在、直截了当的答案。现在的迈克尔·米尔肯投入大量的时间、金钱、精力和创造力致力于前列腺癌的治疗,与此同时,他自己也正在和这种疾病作着斗争。

（九）美国喜剧明星：丹尼·凯（Danny Kaye）

丹尼·凯原名大卫·丹尼尔·卡明斯基，算了，还是叫他的艺名丹尼·凯吧。我们俩很聊得来，不仅仅是因为我们都是从布鲁克林来的。你会情不自禁地被他吸引，就像很多才华横溢的演员一样，丹尼·凯在银幕内外、台上台下完全一个样。

有一天，他作为嘉宾上我的节目，一位妇女从托雷多打电话来对他说："我这辈子从没想过能和你说上话。我没有什么要问的，我只想告诉你一件事，我儿子是你的超级粉丝。他希望能像你一样。他喜欢模仿你，他的整个世界都围着你转。"

然后她说到了痛处："他19岁那年在朝鲜战场上牺牲了，战争期间他在那边当海军。海军把他的私人物品交给我，其中有一张你的照片。那是他床脚箱中唯一的照片。我把这张照片和我与他最后一张合影放在一起。30年来，我每天都要擦一遍这两张照片的镜框。我想你可能愿意知道有过这么一个人。"

丹尼在演播室潸然泪下，我也抑制不住流了泪。她在电话那边也抽泣起来。然后他问："你儿子最喜欢哪首歌？"

她说："戴娜。"

于是丹尼·凯就为这位参加过朝鲜战争的金星奖章获得者的母亲唱起了这首名曲。没有乐队和钢琴的伴奏，伴随着他哼唱的只有泪水。

这是我在广播生涯中刻骨铭心的时刻，因为这是一个充满着人情味的故事。丹尼有着开放的胸怀，在这种情形下，他没有一

第 7 章
最佳 / 最糟嘉宾

味谈论自己,而是情愿感同身受,去表露自己的情感,很少有人能做到这一点。

(十)美国著名喜剧演员:罗西尼·阿诺德(Roseanne Arnold)

我很喜欢罗西尼·阿诺德的为人,但是为她的处境感到无能为力。在生活里,她麻烦缠身。但她是个多才多艺的人,对很多领域都有着浓厚的兴趣,她不仅是一位颇受欢迎的喜剧演员,除此之外还经营着两个网络电视节目,掌管着其他一些企业。

我很喜欢采访罗西尼。她对自己的专业了如指掌,对工作抱有热情,这些大家都看在眼里,而且她在自黑搞笑上分寸适度,就连吐槽时也金句频出。

她上次在《拉里·金现场》做节目时,犯了个低级错误。她这样一位经验丰富的演员犯这种错误着实让我吃了一惊。那天她浓妆艳抹,在眼神交流上也有失水准,既不正视我也不看镜头。我已经讲过眼神交流的重要性了,而且与面对面的谈话相比,电视节目因镜头放大的关系,其重要性有过之而无不及。如果只是过于花枝招展,观众可能一笑了之或者压根不会在意。但糟糕的眼神交流会给观众留下这样的印象,尤其是在像罗西尼·阿诺德这样有争议的公众人物身上,观众会以为嘉宾要掩饰些什么,或者出于某种原因避开了采访者或镜头。

三、最糟嘉宾

有时候一些你觉得会很有趣的故事，嘉宾却把它说得毫无波澜或者平淡无奇，甚至演砸了。即使你不打算成为脱口秀节目的主持人，也可以从他们的例子中学到一些东西。

无论他谈的话题是关于政治、感情还是哲学的，如果翻来覆去絮絮叨叨，总是在表达同一个意思，那他就算不上是个优质嘉宾。

（一）美国宗教活动领导人：安妮塔·布朗特（Anita Bryant）

安妮塔·布朗特本可以是位不错的嘉宾。我猜她刚入行的时候还是个挺会讲话的人，但当她上我节目的时候，表现得太过沉迷于自己的宗教信仰了。显然这对她个人来说非常有意义。但是获得"重生"之人并非理想嘉宾，因为上帝和宗教似乎是他们唯一想谈论的话题，除此之外无话可说。你很难岔开他们的话题让他们想到其他别的可说的，或者以别人理解的方式来表达。

（二）美国演员：鲍勃·霍普（Bob Hope）

鲍勃·霍普也曾令我备感失望，他跟安妮塔·布朗特有几分相似，但他不是痴迷于一个特定的话题，而是一种特别的说话风格，嬉皮笑脸应付每个问题。

第 7 章
最佳 / 最糟嘉宾

我以前提到过，鲍勃·霍普私下根本不是玩世不恭的家伙，但只要镜头对着他，他就戏精上身。他一两句话草草敷衍了你的问题，有时还抛过来一句俏皮话。他不是什么故作高冷或者静水深流的人。我曾试图引导他聊聊观众可能感兴趣的正经话题，但他对搞笑更感兴趣。对于喜剧演员来说，耍嘴皮子这种事说来就来，不费吹灰之力，但好的谈话节目也并非只是笑话连篇。

（三）政治专栏作家：威廉·拉什尔（William Rusher）

威廉·拉什尔符合我 4 个标准之中的 3 点，理应被归于优质嘉宾的行列，但他差点把我逼疯，所以我把他拉黑到最糟嘉宾。我相信除了那些偏激的极右翼观众，其他人也会站我的队。他曾是《美国评论》（*The National Review*）的出版人，也是一位苛刻教条的政治专栏作家。

我说拉什尔吓到我的时候，布鲁克林的人就会明白我在说什么了。我就是对他感到"膈应"，就像听到指甲划过黑板的声音一样。

说拉什尔是个差劲的嘉宾，并非源于他的极右观点，很多直言不讳的抱有右翼思想的人都是极为优秀的嘉宾。美国众议院前议长纽特·金里奇（Newt Gingrich）就是其中的一位，美国极右派精神领袖人物帕特·布坎南（Pat Buchanan）、美国前副总统詹姆斯·丹·奎尔（James Dan Quayle）都是如此。他们的很多观点和拉什尔如出一辙，但是他们愿意与众人一起放声大笑，能够接受别人开玩笑,也愿意去倾听致电听众以及其他嘉宾的不同观点。

威廉·拉什尔做不到,他是彻头彻尾的卑鄙小人。理查德·尼克松去世的时候,《华盛顿邮报》的菲尔·麦柯姆(Phil McCombs)引用了拉什尔的一段话:"我针对尼克松放过的最粗鲁的话就是,他生来没有原则并不是他的错,就好像母亲服用'反应停'而导致婴儿畸形不能把错归咎于孩子一样。"

与此形成鲜明对比的是,比拉什尔左一点、曾经担任鲍比·肯尼迪(Bobby Kennedy)新闻秘书的弗兰克·曼克维兹(Frank Mankiewicz),在政坛的影响力与拉什尔旗鼓相当。讲到尼克松的时候,曼克维兹说:"我认为,他比任何一位成功的美国政治家都更低调,他是美国政坛上的威利·罗曼(Willy Loman)。"威利·罗曼是《推销员之死》(Death of a Salesman)中的一个角色,总在抱怨别人虽然喜欢他,却不是"非常情愿"。

这个对尼克松的评价不偏不倚,很多美国人都会表示赞同。曼克维兹像约翰·肯尼迪、罗伯特·肯尼迪的大多数顾问一样,在 20 世纪 60 年代曾多次与尼克松势力及其本人水火不容。这两个阵营之间积怨已久一触即发,但曼克维兹并没有说尼克松是个一无是处的无赖,他对尼克松的为人及其身为总统的政绩作出了一番平和理性的分析,很多过来人都深有体会并表示赞同。

表面看来,拉什尔所说事关尼克松,事实上他无形中暴露了自己的恶毒。

（四）著名影星：罗伯特·米彻姆（Robert Mitchum）

但你要是问我哪位是我心目中糟糕透顶的嘉宾，我的答案永远是美国著名影星罗伯特·米彻姆。

有天晚上他上了我的节目，直到今天我都想不通他为什么要以那种姿态示人。

米彻姆和约翰·韦恩有着异曲同工之妙，总是扮演那种强悍、冷酷的角色，也正是出于此，米彻姆总是出演反派，而韦恩总是扮演好人。但他们有很多相似之处。他们两人都扮演彪形大汉的角色，言语不多但是身手矫健。想必都是角色使然，他们在生活中也并不是这样吧？

我没有采访过韦恩，但是我和米彻姆说过话。全程确实是只有"我在说"。我弄不清这家伙是在给我下套整我，还是当时心情不好不在状态，或是那晚他压根不想在那待着，还是晚餐没吃顺口，或者别的什么原因。

不管出于什么原因，这家伙就拿几个字打发我了。我们之间的对话就这样展开：

"参演约翰·休斯顿（John Huston）执导的电影作何感想？"

"就那样。"

"那，在约翰·休斯顿手下演戏和在约翰·史密斯手下演戏，感觉有什么不一样？"

"差不多吧。"

我接下来的几个问题，他都只答了一个字，"是""不""对"。

我问起那会当红的演员罗伯特·德尼罗（Robert De Niro）。

"不认识。"

我大为震惊,而且非常失望,尤其令我的观众大失所望,因为当时的米彻姆俨然一位民族英雄,是万千民众崇拜的偶像。与此同时,我自己也心灰意冷。当我和赫布·科恩(Herbie Cohen)、戴维·弗里德(Davey Fried)、咋呼鬼和八卦本先生等一众好友一起前往布鲁克林的本森剧院看周六下午的日场演出时,我们还觉得自己跟米彻姆是同好呢。采访中总算见识了他,给人的感觉好像是他要找个地缝钻进去,不想和外界社会有一点瓜葛,这种把天聊死的场面连我都扫兴万分,更别提观众了。

罗伯特·米彻姆事件给了我们一个教训:即便你是世上无人能敌最优秀的采访者或对话高手,哪怕你使出各种大招,软硬兼施,但如果对方心意已决"打死也不说",你撬都撬不开他的那张嘴。不过碰上这种事也别往心里去,再找别的人聊就行了。如果你是脱口秀节目的主持人,告诉你的制作人,以后别再请这位就是了。

第 8 章
出了洋相后化险为夷

- ♥ 我在直播间最惨烈的一次"翻车"
- ♥ 如何为自己的失误圆场
- ♥ 淡定撑场

一、有口无心，犯错难免

人类自从学会沟通以来就出糗不断。在我们这个大众传播的时代里，口误"翻车"愈演愈烈，错误花样百出。在广播事业发轫期，哈里·冯·泽尔（Harry Von Zell）透过他杂音不断的话筒向全美听众这样介绍一位演讲者："女士们，先生们，欢迎美国总统胡伯特·西佛（Hoobert Heever）。"从念错胡佛名字开始，口误就在广播史中留下了颇有看头的篇章。

当然并不只是在广播中才存在口误。所以如果你觉察到自己不小心说错了，别被这点小事带坏节奏。别在意已经发生的，该说什么说什么，反正"吃螺丝"的大有人在。

哈里·冯·泽尔就是这么拿它不当回事。在胡佛插曲之后，他还是大错小错不断，但这并没阻碍他走上业界巅峰，不失时机地转型进入电视行业。他是20世纪50年代最受欢迎的主持人，跨界演员，他在电视剧《乔治·伯恩斯和格雷西·艾伦秀》（*George Burns and Grade Allen Show*）中的出演令观众印象深刻。

虽然我能写一本关于如何谈话的书，但并不意味着我失去了和同行中的佼佼者一起出丑的机会。回顾我的职业生涯，有些口误让我引以为傲，有些是我想要忘记却忘不掉的。

二、墨菲定律：脱口而出，覆水难收

我最尴尬的口误发生在一次商业宣传中，我在迈阿密为普拉格兄弟面包公司做广告，他们的广告语是："普拉格兄弟，做最香的面包。"

为了拉开一轮全新的广告宣传活动，赞助商和广告代理公司要求我在3家电视台的晚间新闻节目间歇插播广告。在第一家电视台，我念出广告语，就在最后一句结束语时，嘴瓢了："普拉格兄弟，做最香的草包。"

你觉得这够糟了吧？确实如此，而且后面越慌越错，在第二家电视台又"翻车"了。

人不能两次犯同样的错误，我到了第三家还没长记性。

我总是心有余悸，怕一错再错，结果错上加错。所以你根本无须把犯过的错放在心上，后续该说什么做什么按部就班继续进行，也不用忧心忡忡地焦虑自己会不会再犯同样的错误。越怕就越错，越是给自己灌输某些东西，这些事情就会成真，这中了墨菲定律的圈套。

喜剧演员乔治·伯恩斯（George Burns）和别人在一起时就养成了这样的习惯，尤其是他的捧哏搭档杰克·本尼（Jack Benny），这位纽约东区一起长大的发小，成了乔治·伯恩斯的头号陪衬人。伯恩斯走进房间，即便他什么都不说，什么也不做，本尼就会大笑起来。伯恩斯当然知道他一向如此，而且乐在其中。而且他三番五次向杰克灌输别再故伎重演了，但杰克见了他还是爆笑不止，越发来劲。

伯恩斯跟我说过,有一次他和本尼接到邀请,一同前往歌星珍妮特·麦克唐纳(Jeanette MacDonald)家中共进周日晚餐。这位著名的歌手也是男中音尼尔森·艾迪(Nelson Eddy)的搭档,他们的二重唱在20世纪三四十年代的美国广受欢迎,风靡一时。伯恩斯就是借着这次谈话给本尼"下了套",这是他的一贯作风,只要他觉得谁能成为自己插科打诨的陪衬人,他就会如此行事,反复暗示,而本尼就是那个最容易上套的家伙。

"杰克,你要参加珍妮特·麦克唐纳的周日晚宴吗?"

"当然了,我这种咖位的怎么能不接到邀请?"

"哦,好啊,你知道晚宴过后珍妮特总会亮嗓唱几首的。"

"我当然知道了,我去过好几次了。"

伯恩斯提醒他:"到时千万别笑出声啊?"

"也没有什么由头惹我笑啊?"

"你别笑就是了。"

星期天到了,伯恩斯给本尼打电话说开车顺道带他一程。然后他又重申了一遍:"记住,不许笑。"

当珍妮特·麦克唐纳站起来刚要开口唱时,本尼就笑翻了,伯恩斯坐在那里,一脸坏笑。毕竟,本尼在拉斯维加斯演喜剧的时候,伯恩斯就坐在第一排看报纸,只有你想不出,没有他做不到的,鬼点子层出不穷。

我在此时讲这个故事是为了让你了解,当忧虑占据你的头脑时,意想不到的事情就会出现。如果你笃定某件事可能会发生,那么你无论如何都会让它成真。你必须将这种可能性从你的脑海中抹去。这需要你全神贯注、竭尽全力、痛下决心,你肯定能做到。

第 8 章
出了洋相后化险为夷

不能把所有无心之过归咎于通常意义上的口误，而且不是所有的"翻车"都在你掌控之中。举个例子来说，我给你讲讲迈阿密海豚队在橄榄球比赛上出现的状况。

那是 20 世纪 60 年代在布法罗，我为迈阿密海豚广播网作解说嘉宾，和我一起共事的还有做实况报道的乔·克罗根（Joe Croghan）。就在开球前，一股妖风席卷而过，紧接着暴风雪袭来，把我们的广告词、详细资料、统计数据等在内的所有稿件都吹跑了，一路吹到体育馆外。

此刻场上开球了。乔和我知道是海豚队开球，因为我们在漫天飞雪中认出他们的球员。但我们认不出任何一名队员，狂风暴雪挡住了我们的视线，根本无法看清他们的球衣背号。球场上画的码线一时间被大雪覆盖。我们俯瞰下去什么也看不到，对场上发生的情况也一概不知。我们该如何是好？那时的迈阿密气候温暖宜人，我们决定告诉那里的听众到底发生了什么，这正是实况报道的使命所在。

我们在描述了伊利湖畔、尼亚加拉瀑布彩虹桥对面恶劣的天气之后，开始了正式广播。我们的评论如果不能堪称经典，也算是前无古人后无来者。

"有人带球跑动……有人后退传球……有人接住了球……有人上前抢断……他倒地了。不，他又站起来了！我认不出这人是谁。"

当所有这些进行时，我们手上仍然没有拿到任何可以借助的出场球员名单，其中列出了球场上两队攻防双方每个位置球员的姓名及球衣背号。即便没有天气因素干扰，球赛转播也需要这些资料。尤其在这种情况下，这些资料更是最后的救命稻草了，但现实中它们却随风而逝了。

当时按照正常的思路，你本应吩咐你团队里的人把备用资料拿来。但我们在楼顶，而其他人都在楼底下，电梯又被冻住了，上不去下不来。

乔和我就是这样撑到了第一节比赛结束。天气还是没有好转的迹象，但电梯总算恢复正常了。在第二节比赛开始的时候，它又能运转了。救场如救火，另一份出场球员名单也传过来了。视线依然不明朗，但至少我们能猜个八九不离十了。

雪崩的时候没有一片雪花是无辜的。遇到这种天气始料未及，我们已经尽了全力，播出效果不好却要我们背锅。但我们并没有惊慌失措，也没有乱了节奏，我们对观众实话实说，让他们知道当天直播遇到的最大麻烦，也就是这场暴风雪纯粹是老天爷的手笔，不赖我们。

在唐·舒拉（Don Shula）接棒执教海豚队后不久的另一场比赛中，他们的进攻后卫拉里·琼卡（Larry Csonka）就在比赛中受伤了。赛后，我像往常一样走进更衣室，照例进行采访。我在医务室看到琼卡，他招呼我进去。

舒拉明令禁止球员们在医务室接受采访，当时我并不知道他对手下有这样的要求。因此，我突发奇想和琼卡开启了现场直播模式，舒拉从房间另一端的走廊里发现了我们，还有我手里的麦克风，他把声音提高八度喊道："你们两个家伙干什么呢？"

琼卡说："你觉得他是在跟谁说话呢？是你还是我？"

舒拉把我赶出了房间。所以我立即拿出了播音员的绝杀底牌：

"现在我们切回到演播室。"

在赛后的聚会上,唐·舒拉问我,"当时播出去了吗?"

我如实告诉他,他垂头丧气,一副黯然神伤的样子,因为他那满腹牢骚让海豚队的球迷听到了。我说:"别担心,唐,我向观众供出说话的人是你。"但我们都知道,我说不说破都一样,唐·舒拉颇具辨识度的嗓音在迈阿密几乎无人不知无人不晓。

还有一次明显的"翻车"事故发生在为海豚队比赛转播的时候,中场休息时巴尔的摩鼓号队前来表演,我在介绍他们时说成了"巴尔的摩毒药队"。

三、淡定撑场

我曾经在自己的广播节目上问一位嘉宾他有没有孩子。此言一出,控制室里的工作人员当场崩溃,因为那位嘉宾是神父。直到那位牧师提醒我,他们信教的人都是独身的并且不结婚,我才意识到自己犯了大忌。

我怎么会问出这么愚蠢的问题?我也不知道。在大多数情况下,当你在节目开始时向听众介绍嘉宾背景时,提出这样的问题是自然而然的事。不管是什么原因,这个问题蠢得让人笑掉大牙。我怎么应付这种尴尬的?直接进入下一个问题——如果你碰到了这样的事,你也应该这么做。

我曾在迈阿密主持过一场庆祝迈阿密独立日的户外庆典,当天彩旗飘扬,美妙音乐不绝于耳,国会议员克劳德·佩珀(Claude

Papper)前来致辞。这次活动的规模如此之大,以至于主办方把搭建的两个舞台拼在了一起,在其间就留了一小块空地。当主持人介绍我时,我跑上了台,跑着跑着一条腿陷入了两个舞台之间的缝隙,我就这样消失在观众的视线中。

不过我手里还握着麦克风,因此只好尽力救场。我就是在观众都看不见我,琢磨我跑到哪里去,怎么不见人影的时候,当机立断来个实况直播。就在我跌出人们视线的同时,他们从扩音器里听到我的声音:"我掉下去了——别慌——我没事——"

没过多久,观众席间就传来一阵笑声。结果这场滑稽的尴尬成功地暖了场,只不过以后我都不想再重现这种场景了。

有次我在迈阿密的好友,美国著名作家吉姆·毕晓普(Jim Bishop)作为嘉宾上节目,我避免了一次"翻车",说不定还避免酿成更严重的问题。那时吉姆的专栏风格直言不讳、内容接地气,广受尊重,吸引了一大批读者。他曾是个酒鬼,但已戒了25年了。

但是让你意想不到的是,他那天晚上到节目现场的时候已经醉得不省人事了,完全喝断片儿了,这是我所知道的他唯一一次酒瘾复发。也许他对参加这个节目感到紧张,喝两口壮壮胆。

我看到吉姆这副烂醉如泥的样子,顿时感到惶恐不安。行为举止如此接地气再加上酒精的发酵,不在直播里搞出点大事才怪。在那种情形之下,口误都是小巫见大巫。如果砸了场子,恐怕联邦通信委员会要吊销我的从业执照,要是这样,我也只能打道回府到布鲁克林,一去不复返,别想在这个圈子混了。

这种时候可不能因为是朋友就开绿灯,我必须要采取紧急措施,救我们俩于水火。

第8章
出了洋相后化险为夷

我透过控制室的玻璃窗给工程师打了个暗号,对着桌上的麦克风说:"打开信号灯。"

信号灯亮了。

吉姆看见了信号灯,他还是照旧那个鬼样子。这时我伸出了右手,然后说:"吉姆谢谢你,你一贯这么优秀,很荣幸能和你度过这大好时光!"他带着略显困惑的表情回敬了我,然后离开了。接下来的一个小时我们用听众的来电打发过去了。

四、鼾声阵阵

我最严重的失误并不是我说了什么,而是我的呼噜声。我怎么会在节目播出时打鼾呢?

对于这个问题,我的回答会让你哭笑不得:因为我睡着了。

那是1959年元旦的清晨,我在迈阿密参加新年除旧岁的节目。前一晚我在赛狗场担任直播主持,然后赶到一个新年除夕晚会现场,告别1958年,迎来1959年。我从来不会鸣钟,因为我不喝酒。活动结束后,我再回到WKAT电台轮班,主持一档早6点至9点的晨间节目。接着唐·麦克尼尔(Don McNeill)的《早餐俱乐部》在芝加哥播出,我会在9点30分这个时间段做电台间歇。

从9点至10点,我除了电台间歇之外没有别的事情要做,到点后下一档节目的主持人自然就会来接班。在节目过程中,我不断对自己说:"保持清醒!保持清醒!"电台里只有我一个人,但我还是坚持把节目做完了,直到《早餐俱乐部》节目开始。至此我已经熬了整整24个小时。

9点29分，唐·麦克尼尔在休息间歇播报："这是美国广播公司广播网。"在这个提示之后，美国广播公司旗下的各家电台都要自报家门。我所要做的就是关掉美国广播公司的开关，打开我自己的麦克风，然后俯身凑近说："这里是WKAT电台，迈阿密，来自迈阿密海滩。"每一个走在街上的路人都可以看到我，因为我们大楼的正面全是玻璃。人们可以看到里面的播音员和工程师忙碌工作的身影。

所以我关掉了美国广播公司的开关，打开了我的麦克风，然后就睡着了。那个新年的早晨，正在收听WKAT电台的听众醒来时听到一阵神秘的嗡嗡声，没人会想到那就是我的鼾声。《早餐俱乐部》中途被掐了，后来就没再播出，因为美国广播公司的开关仍然关着。那神秘的噪声始终断断续续没有停，这期间再没有别的声音。没有音乐，没有商业广告，没有播音员说话，只有那个噪声在响。

听众开始陆续给电台打电话，但没人接。路人向WKAT的窗户里望去，看到有个人瘫倒在麦克风前。接下来的事情可想而知：消防和救援纷纷到位，连警笛也拉响了。

他们用斧头砸破了大楼前的玻璃，与此同时，我们的听众听到呼喊声，还有玻璃被打碎的声音，更加心生疑惑。然后消防队员和急救医护人员对我大喊："这是怎么回事？你还好吗？！"

我醒过来，环顾四周紧张兮兮的气氛，看到满地的玻璃碴子，结结巴巴地说："出什么事了？"

第二天早上，老板弗兰克·卡森廷（Frank Katzentine）上校

第8章
出了洋相后化险为夷

把我叫到他的办公室,说要把我炒了。然后他口气稍微和缓了些,说:"我喜欢你。你真是个才华横溢的人。对于这件事,你能给出个说法吗?你能给我留下你的理由吗?"

我说:"上校,你知道我昨天在干什么吗?"

"不知道。你在干什么啊?"

"我在测试迈阿密消防和急救部门对于突发事件的反应速度。"

就这样,工作总算保住了——但是窗户钱要如数赔偿。

就算是最好的演说家、最优秀的谈判专家以及各行各业中的成功人士都免不了犯错。在棒球比赛中,甚至还有专门统计失误这一项。所以说,如果你犯了错,切记千万不要乱了阵脚。有句老话说得好:"不犯错误,难成大事。"

第 9 章
如何展开演讲

- ♥ 我的演讲"秘籍"
- ♥ 童子军的方法
- ♥ 发表演讲时的小窍门
- ♥ 如何运用幽默

演讲和生活中的其他事情一样，总要有第一次。有些在私下非常健谈的人，往往会在第一次演讲时感到紧张。有些人不管他们演讲过多少次，每次都和第一次一样吓得胆战心惊。

我们似乎都把演讲看得太过神秘，认为只要掌握了某些秘籍，就可以成为一名优秀的演讲者。关于这方面的书不计其数，让你以为有了硕士学位才有资格站上讲台。

我每年都要给各种各样的团体作很多次演讲，我的"秘籍"很简单，就是不用把这种公开演讲和其他任何形式的谈话区别对待。这也是一种与他人分享我自己想法的方式。从某种意义上说，它比社交对话更能轻而易举地展开，因为你完全可以控制话题的走向。但与此同时，你必须要有话可说，你总不能这样浑水摸鱼吧："哦，真的吗？展开聊聊吧。"（就算你说去洗手间也绕不开。）

这就引出了成为一名成功演讲者的第一个关键要素：谈论一些你了解的事情。这听起来好像是显而易见的事，但是很多演讲者都在这方面"翻车"，因为他们选择了一些自己并不完全熟悉的话题，分分钟置他们自己于双重险境之中。

如果在座的听众们比你更了解这个话题，他们肯定会听不下去，感到无聊。

如果你在演讲的话题上没那么多谈资，你可能做不到游刃有余，一举一动也不会那么自信。

所以，要找个你自己熟知的主题，或者是以个性化的方式去

第 9 章
如何展开演讲

处理某个更为宽泛的主题。如果你所在的教会团体或者犹太教堂请你就圣地之旅作一场演讲,最好不要对巴以和平协议的意义高谈阔论。你可以讲讲你在当地的所见所闻,当地的政治局势是如何影响你与当地人的沟通。我保证你会讲得滔滔不绝,而你的听众也会兴趣盎然。

一、我 13 岁时的演讲首秀

当我 13 岁第一次上台演讲的时候,我选择了一个非常贴近自我的主题。那是在我的受戒礼(Bar Mitzvah)——一个犹太男孩的成人仪式上。那时家里并不宽裕,父亲 3 年前过世了,母亲为了摆脱靠救济金过活的日子拼命工作,而且没过多久,我们的生活就回归正轨了。

尽管过着捉襟见肘的日子,母亲还是让我和哥哥参加了受戒礼。在这种场合,受戒的年轻人免不了要说几句感言。在那之前,我从来没有面对公众说过话,只有课堂上背课文和作读书报告时才硬着头皮上阵,毕竟每个孩子在学校都要经历这些。但这次可不一样,台下的听众有不少都是大人。

13 岁,不过是个不谙世事的年龄,所以我决定谈谈自己身边最熟悉的人——我的父亲。在场的大多数人都认识他,我就借此机会与他们分享了我对他的回忆。我告诉他们,我总觉得父亲就在我身边。他总是尽可能多地陪着我,尽管他每周有 6 天要经营他自己酒吧和烤肉店的生意。

145

我想起那时和父亲沿着霍华德大道走到萨拉托加公园边散步边聊天的情景,他总会在那里给我买冰激凌,然后嘱咐我:"别跟你妈妈说,要让她知道了肯定抱怨快到饭点了还吃冰激凌。"我告诉在座的听众,与公园的景色和冰激凌相比,和父亲聊天对我来说更有趣,也更有意义。他跟我聊起扬基队和乔·迪马乔(Joe DiMaggio),跟我讲了他在1941年参加卢·格里克(Lou Gehrig)的葬礼,还问起我当天在希伯来语学校学了什么。他告诉我,自己20岁时离开俄罗斯来到美国,那种高兴简直无以言表。

我把这些回忆分享给我的听众,对大家说,每当我想起父亲,我就觉得又听到了他的声音,听到了他在萨拉托加公园跟我聊天。

选择回忆父亲作为我成人礼上的演讲主题,对我来说是再合适不过了。在这样一个场合中,他值得我去追忆。而从公开演讲的角度来看,这也是我最烂熟于心、讲起来胸有成竹的一个题目。

在结束演讲后,听众里的一些大人对我倍加鼓励,而且我也发现和他们分享我的回忆令我乐在其中。这次公开演讲的经历几乎让我下决心这辈子要以说话为生。

二、童子军的方法

成为一名优秀演讲者的第二大关键就是童子军的座右铭——做好准备!如果你选择的是自己熟悉的话题,那么前期准备应该不会太过于困难。

如果记住这个简单的演讲框架,就能更容易、更有效地组织你的思路：

一是告诉在座的各位你要与他们分享的主题。

二是具体展开说说。

三是跟听众解释一下你刚才说了什么。

如果你一开始就让听众知道你将要讲的话题，那么他们就会更容易跟上你的思路。最后，试着用与开场时稍有不同的说辞，对要点进行总结。

三、准备工作

我很幸运，因为我经常发表演讲的缘故，所以不需要在准备上花太多时间。当有人邀请我演讲时，通常听众都是想要了解我非常熟悉的话题：脱口秀对于政治局势的最新影响，克林顿、布什、佩罗以及其他上过我节目的总统候选人，戈尔与佩罗展开的辩论大战，广播、电视对于新闻出版业的影响及其对于现在和将来的意义，或许还可以说说布鲁克林道奇棒球队。所以演讲前我不需要准备太多新的东西。

但是，除非你以前曾经作过类似主题的演讲，否则准备工作决不可掉以轻心。准备的方式多种多样，选一种适合你的就好。

你可以逐字逐句地把你的演讲稿写下来，然后到时候照着念就可以了。很多演讲者都这样照方抓药。如果你遵循这种方法，务必多读多练，这样你就可以在演讲时与你的听众多些眼神交流，而不是全程一直盯着稿子。

很多人偏爱在演讲前列出一个提纲，然后用标准打印纸打印出来；还有一些人喜欢用文件卡片写一些笔记。使用卡片的好处是，你可以即兴发挥，不会两眼一直盯着演讲稿。但说话演讲和肢体语言，以及穿衣戴帽是一个道理——怎么舒服怎么来。

无论你是照着演讲稿念，还是在卡片上做笔记，都应该多练习几次以熟悉要讲的内容，适应和把控其风格和节奏。你可以对着镜子读讲稿，或者请一位同事或你家里的某个成员来做这次彩排的观众。

排练时给自己掐表计时可以做到心里有谱。你演讲的实际时长可能与你写作讲稿时估计的或多或少有些出入。在演讲前，你应该明确自己到底有多少时间，并在排练时根据需要做出调整。

四、险象环生

提前练习一下你的演讲是个不错的主意。牢记你要演讲的题目也同样重要，在演讲生涯刚起步的时候，我就意识到了这些操作的必要性。我一直都非常喜欢说话的感觉，所以当我开始决定以此为生的时候，只要有什么地方邀请我去演讲，我都会欣然前往。我非常渴望成为一名公众演说家，以至于我根本就不提任何要求：能拿多少报酬随缘。没钱付吗？不给钱我也愿意去，告诉我时间、地点，我绝不放鸽子。

有一天在电台里，我的电话响了。对方正是迈阿密海滩扶轮社主席，他想请我在6月份的俱乐部年会上讲几句。当时还是1

第 9 章
如何展开演讲

月份，我满口答应了，于是他就跟我约定了日期、时间和地点。随后他问我："你要讲什么主题？"

我说："没有什么特定的话题。说些观众喜闻乐见的就行了。"

当时是艾森豪威尔总统任期的最后一年，他说："这可是扶轮社，即便艾森豪威尔来演讲，我也要问问他要讲什么。"

我说："那你去邀请他吧。"这段谈话就此告终。

过了几天，我在电台里正准备上节目，还有一分钟就要开播了，电话铃响了，是制作人打给我的："拉里，接一号线，急事找。"

我抓起听筒，听到电话那端传来有节奏的"咔哒咔哒"声，正是扶轮社的那家伙。他说："我在印刷厂，我们正紧锣密鼓印出年会传单，我必须要来你的演讲题目。"

这件事过去 30 多年了，时至今日我也不知道当时为什么要这么说，但我还是斩钉截铁地告诉他："我要讲的话题是美国商船的未来。"

令我感到惊讶的是，他听了这个话题感到无比激动，他觉得我讲这个的话，扶轮社成员肯定会喜欢听。然后他再次提醒我，6 月 10 日上午 8 点迈阿密海滩乡村俱乐部，不见不散。

6 个月过去了，我在约定的日子准点到达了目的地。停车场爆满。我从车里走出来，在俱乐部的入口处赫然一块大招牌映入眼帘：就在今晚！揭晓美国商船的未来！我自言自语道："这是搞什么鬼！他们竟然请来两个人进行演讲！"我一点也想不起来我自己说过要讲这个话题。

那位主席，也就是给我打电话的那个家伙，兴冲冲地从俱乐

超级沟通力
美国传奇主持人拉里·金的说话之道

部里面出来热情地迎接我:"拉里!大家迫不及待地要听你演讲,今天的上座率破了我们的纪录!"他告诉我,今天的司仪也非常激动,他专门请了一天假,去图书馆查资料,就这个问题研究了一番,以便在介绍我的时候有话可说。

司仪开始介绍我,他说的诸如吨位、港口规模、航运和军火等我一概不知。在讲述了商船的历史之后,他开始向观众介绍我:"现在,请拉里·金为我们揭晓商船的未来。"

我讲了半个小时。我对这个行业一片空白,但还是硬撑下来了,只是我压根没提"商船"。我讲完后,自然也没人鼓掌,鸦雀无声。我立马就撤了,钻进车里后我就想到,再也不会有人邀请我作演讲了,我成为演讲家的梦想也就此破灭。但或许这样对我来说再好不过了,反正我也没指着这个过活。

我把车发动起来,吓得浑身冒汗。就在这个时候,司仪追上来敲我的车窗。我按下按钮,摇下车窗,他把头伸进来。当时的我感到一股强大的力量在涌动。只要按一下那个按钮,我就能把他斩首。

他冲着我大声咆哮:"我们告诉会员说,你要讲的是商船的未来!我还专门去查了背景资料,介绍它的历史,可是你一个字都没讲到商船的未来!"

我假装淡定地说:"它就没有未来。"然后一踩油门走为上计。

要说心里一点不内疚那是假的,但是倒也没什么大不了的。毕竟我当时还是个二十啷当岁的小伙子,稍微不靠谱也在所难免,但我为自己说句良心话,我已经给了他们想要的东西,好歹是个有意思的演讲。几天后我才发现,扶轮社的那些会员其实很喜欢

第9章
如何展开演讲

听我讲话，当时没有掌声只是因为他们事先被告知我会谈到美国商船的未来，后来我讲的让他们有点摸不着头脑。尽管如此，如果我能够记住自己要谈论的话题，可能会好过一点。

而我在迈阿密的另外一次经历和方才说的截然相反。邀请我演讲的机构根本不在乎我要讲什么，只要我到场自由发挥即可。

那次邀请依然是他们打电话到电视台，我的一位同事接起电话说："拉里，接二号线，找你的。"

我接起来说："你好。"然后对方就一通说，我连插嘴的机会都没有。

对方说："金？我是蓬蓬·吉奥诺。11月3日，罗德岱堡二战纪念堂有个慈善晚会。赛吉奥·法兰奇（Sergio Franchi）主唱，您是司仪，请穿正装。8点开始，麻烦准时到。"

"咔嗒"一声，对方挂断了电话。

几个月后我到了会场。蓬蓬满脸笑意前来迎接我，说："能邀请到您大驾光临，是我们的荣幸。"

我暗自琢磨，你当然高兴啦。

在后台我碰到了赛吉奥·法兰奇，我就问他："赛吉奥，他们是怎么把你请过来的？"

他说："有个叫蓬蓬·吉奥诺的给我打的电话。"

然后蓬蓬就开始让我上套，他说："好了，宝贝，上台。拿出你的绝活，你想怎么演就怎么演。20分钟的秀。然后赛吉奥上台。不要打开观众席的照明灯。"

"我为什么要打开观众席的照明灯？"

"别开灯，观众席里埋伏着很多竞争者。"

"竞争者是什么意思？"

"他们中间有些人是经营橄榄油生意的，有些是卖意大利通心粉的，还有联邦调查局特工。所以整间屋子黑黢黢的。"

于是我就上台表演了20分钟，台下传来一片笑声，然后请出赛吉奥·法兰奇，之后我落座。晚会快要临近尾声的时候，我就离席去取车。蓬蓬追上我，欣喜若狂地说："嘿，你这家伙还真有两下子！"

我说："还要多谢你，蓬蓬。"

他又说："嘿，小子，不是我吹。你真的很出色！"

于是我再次向他道谢。

然后他说："小子，我们欠你一个人情。"

"嗨，别客气，我乐意效劳。"

然后蓬蓬向我提了一个我之前从没想过的问题，这个问题回想起来仍记忆犹新，就是现在想起来还令我毛骨悚然。我记得那天的月亮掠过海洋定格在空中的位置，秋夜的瑟瑟寒意也铭记在心头，还有蓬蓬那句话在我脊梁上留下的寒战，他问：

"你有看不上眼的人吗？"

如果有人对你说了这句话，我敢保证你的反应是，你会在心里搜索那些与你相关的名字。我就是这样。但后来我良心发现，我决定还是不再纠结了——那天晚上我放过了四频道电台经理的命，只不过他自己不知道。

当时我压住了火，只是说："谢谢还真没有。蓬蓬，我还没恨上过谁。"

于是他问了我另外一个问题："你喜欢赌马吧？"

"是啊，没错。"

"后会有期。"

3 个星期后，电话铃又响了。对方只说了一句话："海厄利亚，苹果树，第三场。"就收了线。

当时我名下有 800 美元，我又外借了 500 美元，然后把这 1300 美元全都押在苹果树那里，只为赌赢。

我可不想糊里糊涂地把所有的钱都押在哪匹马的名次上，那样不破产才怪。当我看前两场比赛时，我就告诉自己，"人生中三件事是命中注定的：死亡、税收，还有就是今天苹果树将赢得第三场比赛"。

我有点期待看到 5 名骑师在终点线前"意外"落马，但比赛无惊无险就这样结束了，令人惊喜的是，苹果树赢了。每注 12.80 美元，也就是说我赢了 8000 多美元。那时蓬蓬的心可算落地了，我们两不相欠了。

■五、其他诀窍

这里还有几个重要的诀窍，都是根据我自身的演讲经验以及我从其他人那里的发现总结出来的。

（一）与听众要有眼神交流

我已经讲过眼神交流的重要性。首先，别一头扎进你的讲稿或者笔记里；其次，不要冲着背面的墙或者侧面的窗户讲话，它们都不是你的听众。每次当你从文本中抬起头来的时候，可以将目光望向不同方向的听众，毕竟你的演讲要照顾到在场的所有人。

（二）找到与你讲话内容相匹配的语速和音调

有些演讲者，如果他们照着稿子一五一十读出来，可以在想要强调的字词下面画线标记。如果你列出的是大纲或者笔记，那么就把要强调的观点或短语用记号笔标出。这样做有两个原因：首先，这样能保证你认为的重点在该强调的时候敲一下黑板；其次，抑扬顿挫的语调能避免听众陷入萎靡不振，尤其是当你的演讲安排在饭后时分。

（三）身体站直

我的意思并不是说你必须像阅兵场上的士兵那样站得笔挺，舒服自然地站着即可，别在讲台上驼背弯腰。驼背会压迫你的呼吸，而且也会令气质大打折扣。

（四）把麦克风调整到合适的高度

如果你面前有个麦克风，把它调整到合适的高度，或者请技术人员帮忙，别弯腰驼背去将就麦克风（如果时间允许，在轮到你讲话之前调好麦克风的高度）。像平常那样自然而然对着麦克风说话就行——让它发挥应有的作用。如果声音调得过大,效果反而不尽如人意。注意要和麦克风保持一定的距离,别太远也别太近,不要转来转去,也别在回答问题时侧到一边。

除非你是在发布癌症的治疗方法或者向谁宣战,否则你也理解一下那些不爱听讲座的人的烦恼。如果没必要的话,就别老板着脸。即使你在讨论一个严肃的话题,大多数听众也都会期待你说点搞笑幽默的。

千万别用这样的话来引出笑点:

"让我来给你们讲个小笑话。"(谁也不会说自己要讲的是个大笑话。)

"今天在我来这里的路上发生了一件有趣的事情。"

"我这里有一个很好的笑话。你们一听准会喜欢的。这个笑话真的很好笑。"

"这让我想起了一个小笑话,有人可能已经听过了,但我还是要再讲一次。"

为什么要避免以这样的开场白讲笑话呢?因为这些说辞都不再入时,这些"烂梗"足以毁掉你爆出的笑料。而且如果你事先向观众保证这个笑话会让他们笑到岔气,往往会令其大失所望。你当然不要提前告诉他们说这个笑话很可能已经听过了,这么说就太扫兴了。

出于同样的原因，也不要在你幽默故事的结尾这么说："不过，说真的，伙计们……"

相反，你要做的是根据你的谈话来量身定制笑话。比如，你正在向一群企业高管作关于战略的制定以及如何实施的演讲，下面这个是我对于这个场景主题最爱拿出来举例的一个桥段：

威尔·罗杰斯说他有一个叫停"一战"的计划。他说："在我看来，问题是由那些德国潜艇造成的，它们击沉了我们的船只。我建议把大西洋加热到沸点，海洋水温变热，德国潜艇在水下就扛不住了，不得不浮上水面。要是他们这么做，我们就可以等着他们，将其一网打尽，就好像我们在老家俄克拉荷马狩猎季那样。"

然后罗杰斯又补充道："当然，你可能会问我打算如何将大西洋加热到100摄氏度。我的回答是，把这个问题留给技术人员。我只是在谋略上出此策。"

在笑声平息后，你就要把故事和你要表达的观点建立起联系了。你可以告诉你的听众："这就是制定政策和执行政策之间的区别。"

如果你的演讲面向的是一群工程师，这个笑话就可以换个角度说。你可以这样说："有这样的规划者让工程师承担挑战，这难道不是好事吗？"

听到这样的说法，听众会觉得：

一是很好笑。

二是戳中他们的神经。

这里还有一个关于解决问题的例子，也是许多商业和专业听众颇为关注的问题。在这个问题上，你可以引用我的天才朋友杰克·格里森的故事。他提出了一个解决纽约市交通问题的建议："把所有街道一律改成向北的单行道，其他的问题就让奥尔巴尼去操心吧。"

一笑而过后，你可以将笑话与你表达的观点联系起来，然后接一句："格里森的办法提醒我们，不要把简单的问题复杂化。"

七、平易近人与大众底线

我在前面的章节中讲过说话尽量平实，避免在说话中夹杂流行语和专业术语。在演讲中也是同样如此。如果你记得公开演讲只是换一种形式的谈话，那么以你最自然的风格说话，听众肯定会理解你。他们会觉得你是在对他们说话，而不会令别人感觉你只是在高谈阔论。

但不要做得太过火，说话也别太肆意妄为。即使是在思想观念解放的 20 世纪 90 年代，爆粗口以及挑战大众底线的说辞对你的影响是有百害而无一利。如果你是个成天脏话连篇的海员，到了正式场合就该收敛一下了。即使有听众不介意你说脏话，但如果你的这番话惊到他身旁的太太，他也会感觉不爽。如果你和听众之间很熟，比如说作为排长的你在训话，那自然另当别论了。但如果不是这样，讲话时注意礼仪总归没有坏处。

第 10 章
再谈演讲的诸多细节问题

- 如何吸引听众
- 何时亮出奇招
- 简明扼要
- KISS 法则

一、了解你的听众

我不知道公开演讲到底有多少条戒律,但"了解你的听众"必定是其中之一。这使你能够在演讲伊始就表明你对他们观点的理解,从而建立起和睦融洽的关系。

用一位华盛顿资深讲稿作家的话来说,诀窍就是"深入其中,击中要害"。你一定要记住你的受众是谁,他们的兴趣是什么,以及他们想从你这里听到什么。

如果你对演讲要面对的群体还不了解,那么你在准备阶段就要提出一些相关问题:你们的组织结构如何?吸纳一些什么样的人作为成员?他们来自哪里?摆在你面前的首要问题是什么?你想要听我说些什么?你希望我谈多久?(这一点非常重要!)演讲结束后有听众提问环节吗?

我在布鲁克林的老朋友山姆·莱文森(Sam Levenson)在这方面就做得非常成功。他是《艾德·苏利文秀》(*The Ed Sullivan Show*)的常客,在夜总会也广受欢迎,他是一个利落、有趣的演讲者,他的魅力在于他给人的印象就是个普通人,跟台下列席的男男女女没什么两样。山姆告诉听众他和大多数人一样,也出生在普通家庭,父亲白手起家,山姆长大后当了老师。这么聊一下就拉近了他和听众之间的距离。他的形象也让他的说辞更具说服力:留着短发,戴眼镜,穿白衬衫,系着领结,一身保守的双排扣西装长短正好。

他告诉听众,他父亲年轻的时候听说美国遍地黄金,到处是机会,所以只身前往。可是他到了这里之后,却发现了3件事:

一是路不是金子铺成的。

二是其实街上根本没有现成的路可走。

三是他要为铺路贡献出一份力。

他的听众大多是几代前举家移民到美国的工薪阶层,此言一出立即就被他吸引住了。

二、让听众了解你

别以为在座的所有人都认识你。《华盛顿邮报》的获奖专栏作家、电视人莫里·鲍维奇(Maury Povich)的父亲雪利·鲍维奇(Shirley Povich)就在这上面栽过跟头。

作为一位正统犹太教信徒,雪利还是华盛顿当地的名人,他有次受邀在犹太国际服务组织会议上演讲。他所在的礼堂里全是犹太人,他开始发言:"今晚我很高兴来到这里,因为……毕竟……我的一些铁哥们也都是犹太人。"

听众们目瞪口呆、毫无反应,他们没想到他竟然用那种麻木不仁的陈词滥调,立刻感觉不快。雪利马上意识到观众席间毫无波澜的原因:还没人向听众介绍,他自己也是个犹太人。他很快补充道:"包括我所有的亲戚。"

第二天,他告诉《华盛顿邮报》的同事:"当时真是脑筋急转弯。此言一出我们都恍然大悟其中的道理了。"

三、跳出常规

有时候,你可以讲一些听众原本没期待听到的内容来赢得好感。

我曾经面向一众检察官和警察局局长作过一次演讲。我接到了迪克·戈斯坦(Dick Gerstein)的电话,他在迈阿密地区做了很多年的检察官,他说:"拉里,我遇上大麻烦了。我们镇上有两场执法官员大型会议要同时举办——全国地方检察官联合会和国际警察局长联合会。巧了,两个会议都将在同一个周日晚上闭幕,所以他们决定要在枫丹白露酒店举办一场大型晚宴。"

我问:"那这里面有什么麻烦?"

他说:"我碰到的问题就是,我必须把我们会议的闭幕发言人换到那天的晚宴上。弗兰克·苏利文(Frank Sullivan),他那演讲前言不搭后语,简直无法入耳,就这水平还是佛罗里达犯罪防治委员会的主席。你能容忍紧随其后发言吗?"

我立马燥起来,跟他说他们谁也不认识我。迪克说:"苏利文讲话跟催眠没什么区别,在他后面讲话的人肩负起把听众叫醒的重任。你别担心,在你出场之前我会给你预热一下人气。"

出席宴会当天,我发现迪克还真没夸大其词。苏利文啰里啰唆说个没完,沉闷呆板,那语调也没个高低起伏,他准备的那些

第10章
再谈演讲的诸多细节问题

幻灯演示、图片、表格,全都是摆设,起不到任何效果。容纳2000名听众的会场被他弄得死气沉沉,连他自己的太太都拜倒在他的魔法下,当场睡着。

我坐在主席台上,有生以来第一次穿上了燕尾服,满眼皆是这些穿着制服的警察局局长和地方检察官在打瞌睡,苏利文讲了半个小时。他讲完后,听众纷纷起身离开。

迪克看到这一幕慌了神。他冲到主席台正中的讲台,朝麦克风急赤白脸地说道:"请各位留步!接下来有请我的好哥们拉里·金。"

这多少也算为我暖场了吧。

风水轮流转,现在该轮到我慌了。这些听众在此之前连我姓甚名谁都不知。这2000个"倒霉"的听众刚刚承受了英语语言史上最糟糕的演讲,他们心力交瘁,只想逃之夭夭。

我走到麦克风前,说了一些在现在看来是冒天下之大不韪的话,因为在今天看来,犯罪已经成了一个很严重而且残忍的问题。那是30年前,毕竟今日不同往日。我特意加重语气说:"女士们先生们,我是一名播音员。在我们广播界存在一个公平原则,也叫对等时间法则。这也是我发自心底的信仰。我们刚才听到了弗兰克·苏利文对于犯罪的批判,那么根据公平原则,今晚我在此要为犯罪行为辩护几句。"

会场鸦雀无声,徽章掉在地上的声音异常明显,我立刻引起了他们的注意。只是现在我必须好好想想接下来该怎么说。因此我说:"在座的有多少人愿意住在蒙大拿的比尤特市?"

没人举手。

我继续说:"纵观整个西方世界,蒙大拿比尤特市的犯罪率都是最低的,比尤特市去年做到了零犯罪,但是没人想去那里。"

然后我提了两个问题又接着给出了答案:"美国的五大旅游城市是哪几个?纽约、芝加哥、洛杉矶、拉斯维加斯、迈阿密。那么犯罪最猖獗的5个城市呢?纽约、芝加哥、洛杉矶、拉斯维加斯、迈阿密。结论显而易见:犯罪能'招揽'游客。哪里有犯罪,人们就去哪里。"

苏利文太太醒过来了。

"仔细想想,犯罪还有一大优势,就是可以把资金留在当地。联邦政府不必干预,地方的赌徒会去当地餐厅消费,现金始终在社区内流动。"

连我自己都开始相信这些现编的胡话。

接着我开始上大招:"此外还有一件事。如果我们听了苏利文先生方才的讲话,如果我们留心他所展示的图表,并且按照他所说的去做,那么我们就能消灭美国境内所有的犯罪行径。然后会发生什么?这个会场里的所有人都会失业。"

肯塔基州路易斯维尔的警察局局长,显然是个很有幽默感的执法人员,他率先站起来说:"那么我们做什么扭转局面?"

我在演讲里虽没有引用令人为之一振的"千古名言",但我说出与他们所期望相悖的话,挽回了一群死气沉沉的听众,幽默感再次发挥了作用。

我曾目睹州长马里奥·科莫(Mario Cuomo)以雄辩而非幽默的口才说服了一群执法官员。

几年前,我在纽约一个警长午餐会上担任司仪,州长科莫作为演讲人也应邀出席。吃饭的时候,我转向他说道:"马里奥,你今天打算谈哪方面呢?这样我在介绍你的时候就可以告诉听众。"

科莫说:"我要讲讲对死刑的反对意见。"

我说:"好主意,马里奥。这一屋子上千名警长都支持死刑,而你却要跟他们唱反调。以一敌千,你够胆。"

事实上,他对这一屋子人能拜倒在他脚下信心百倍。当他告诉满屋子的警长说他反对死刑,然后给出理由时,都令听众惊叹不已。他完全靠的是言辞的力量、雄辩的话语,以及他对正反两方论点的见解。

科莫掌握了非凡的演讲技巧,但任何一位演讲者都能从他那天的演讲中学到两件事。

首先,准备工作的重要性。科莫了解他自己的听众,他向他们阐明了自己基于死刑这个问题的思考和研究之后得出的观点。

其次,激情的重要性。科莫本可以像许多政客会做的那样,选择一个稳妥、温和的话题来谈,相反,他选择了一个自己深有感触的题目,他对这个话题注入的激情使他成为一个颇具说服力的演讲者。

四、简明扼要

英语老师讲述过这么一个故事。一个男人收到了一封朋友写来的长信,信的结尾是他的道歉:"请原谅我写了这么多,"他的朋友说,"我没时间长话短说。"

要做到简明扼要并不容易,尤其在一个你非常了解的话题上。但在任何形式的交流中,花时间把你的信息浓缩成要点总是值得的。

当你发表演讲时,简洁就比往常更为重要。演艺圈有个说法叫"知道什么时候该下台",在演讲时同样适用。最好的公众演讲者总是心里有谱,做到收放自如。

亚伯拉罕·林肯对这一点拿捏得很到位。他的葛底斯堡演说(Gettysbung Address)不到 5 分钟就结束了。

在 1863 年 11 月的那一天,在他之前讲话的是当时最受欢迎的演说家之一爱德华·埃弗雷特(Edward Everett),他竟然没完没了地说了两个小时。但现在我们才知道哪篇演讲流传到了今天。

埃弗雷特觉得棋逢对手。他后来给林肯写信说:"如果我逞强自夸地说我自己两个小时的发言能做到总统大人您两分钟演说那样切中要害,我就感到荣幸了。"

美国公众听过的最长演讲,其中一些就是总统的就职演说。众所周知,这样的演讲在某种程度上会让听众感到沉闷,曾经有位新上任的总统——威廉·亨利·哈里森(William Henry Harrison)就深受演讲之害。1841 年 3 月 4 日当天寒风刺骨,他的就职演说持续了一个多小时,结果肺炎来袭,一个月后便去世了。

与之相反,最简短的就职演说之一,同时也是最深入人心而且广为流传的还属约翰·肯尼迪(John F. Kennedy)于 1961 年 1 月 20 日所发表的就职演讲。在历经 20 世纪 50 年代,即将进入

第10章
再谈演讲的诸多细节问题

一个新的十年之际,这位新总统向美国人发出了一个挑战,当时的美国民众普遍认为这会是一个昏昏欲睡的时代。

肯尼迪说:"我的美国同胞们,不要问国家能为你们做些什么,而要问你们自己能为国家做些什么?"

与此同时,他还谈到了在冷战最激烈的时候,国家决不能被强大的外国势力所吓退,"让每个国家都知道,无论他们对我们是好意还是敌意,我们都将付出任何代价,承担任何负担,克服任何困难,支持任何朋友,反对任何强敌,以确保自由的延续和壮大"。

著名作家、诗人、历史学家卡尔·桑德堡(Carl Sandburg)因其对林肯总统任期政绩的评述而获得普利策奖。他告诉朋友们,他对肯尼迪的就职演说表示钦佩。他说:"演讲颇有林肯的风范。"

肯尼迪的演讲一般不到15分钟就结束了。

温斯顿·丘吉尔(Winston Churchill)更技高一筹。第二次世界大战初期,他被邀请到母校——伦敦郊外一所历史悠久的男校演讲。当时丘吉尔正处于事业的巅峰,堪称全欧洲最受民众钦佩和崇敬的战时领袖,当时他带领人民捱过了希特勒发动的"伦敦闪电战",面临着德军压倒性优势,与其奋战长达两年之久(直到珍珠港事件后美国参战)。1941年10月29日,他对哈罗公学的孩子们提出建议:"永远不要屈服,永远不要,永远不要,永远不要。无论大事还是小事,决不让步,除非是对荣誉和理智的信念。"

然后他就坐下了。这就是他的全部演讲。

我们大多数人永远都不会成为自由世界的领袖。我们的演讲不涉及战争、和平以及整个国家的生死存亡问题。但我们的演讲对我们自己和我们的听众来说都很重要。我们可以从这些演讲者身上学到很多有用的东西，他们出神入化的演讲能力是他们取得成功的关键，各行各业的很多成功人士都是如此。

我们能从他们身上学到的第一件事就是"简明扼要"。如果说林肯、肯尼迪、丘吉尔这样的大咖都愿意言简意赅切中要害，我们更应该明智地以他们为典范。

五、KISS 法则

从这些真实案例中我们可以看出，许多伟大的演说家还遵循着另一个基本规则，我将它概括并简称为"KISS 法则"，意思是"保持简单直白"（keep it simple, stupid）在这 3 位世界级名人的动人演说中，没有令人望而生畏的生僻词，没有晦涩难懂的句子，没有业内行话和专业术语，更没有时尚新潮的热词。只要以他们为榜样，即使你不是丘吉尔，也可以清晰地传达出你要表达的意思。这就是成为一个有影响力的演讲者的关键。

六、"跟美国棒球明星贝拉学学"

我在许多演讲结束时都向听众提出了建议："为了你的下一次

第10章
再谈演讲的诸多细节问题

会议更上一层楼,跟美国棒球明星约吉·贝拉(Yogi Berra)学学。"

此言一出总会让在座的听众感到震惊。我知道他们听到这话后心里是怎么盘算的:"这个人采访过总统和外国元首、行业领袖、体坛明星、演艺名人,还有脑外科医生、宇航员。而他要让我们去跟那个打棒球的约吉·贝拉学说话?"

事出有因。贝拉是个智者,他说话时常用隐喻,往往暗藏玄机。表面上完全看不出所以然,但其中却蕴含着发人深省的道理。

以下这些例子足以说明为什么我将贝拉列在全明星演讲者阵容里。

在贝拉效力于扬基队期间,作为外野手的他总共参加了250场比赛。扬基棒球场以其阴影而闻名,特别是在9月和10月美国职业棒球总冠军赛期间,因为从那时起白昼越来越短,往后日短夜长的影响也更加显著。阴影会给左外野手带来不少麻烦,球脱离球棒后,他们的视线也进入盲区,给接球造成一定障碍。

身处扬基队左外野位置的贝拉在赛季末一场比赛后,一位记者问他对于那个出了名的阴影有什么见解。贝拉回答:"那个地方天黑得早而已。"

我印象中再也找不到一个天才能把话说得如此天衣无缝。从表面上看,这话说得既不复杂,也没什么技术含量,甚至有些不合逻辑,但却言简意赅,至少让人一下能听懂。所以在我看来,贝拉在沟通上要比那些长篇大论、道理连篇的人强得多。

当贝拉在1964年当选扬基队的经理时,有位记者问他如何才能带出一支好球队。贝拉说:"好球员。"棒球界的每个人都会同意这一点,而贝拉只用了三个字就说明了这一点。

有人问他的人生哲学是什么,贝拉说:"如果你走到十字路口——选一个方向走就可以了。"

有一句贝拉说过的话,我特别欣赏,有人问他时间,他回答:"你是说现在?"

贝拉如果有机会去作演讲,他肯定会赚到手软。只不过他不需要,他宁可去打高尔夫球。

第 11 章
无比残酷的惩罚
——如何在电视和广播的拷问下求生

- ♥ 采访与被访
- ♥ 广播电视的五大技巧
- ♥ 把坏消息变为好热点
- ♥ 戈尔－佩罗的辩论大战启示录

如果你在公开演讲上功成名就，那么接下来你很有可能会受邀去电台或者去电视台做节目。别慌。凭借你在这本书上学到的技能，你在广播电视界一样可以绽放光彩。在这一章中，我会和大家分享我在电视做节目的谈话之道，还有我与嘉宾对话的一些经验，以及关于电子媒介需要铭记于心的一些技巧。

一、我的节目谈话之道

我把自己每晚的CNN谈话节目想象成一场与摄影机的对话。我不会和它针锋相对。我在这方面区别于很多谈话节目主持人，比如山姆·唐纳德森（Sam Donaldson）。我觉得并不一定要跟你的嘉宾展开唇枪舌剑，或者像检察官那样据理力争，从对方那里获得确实可靠的答案来。我更喜欢以礼待人，以拉里·金的身份与我的嘉宾展开一场信息量十足又妙趣横生的对话。

如果采访没有给观众提供一些"干货"，那么这场对话于我、于嘉宾而言都没有意义，所以采访的信息量至关重要。如果听上去没意思，也不会有什么实质的有用内容，观众自然就会拿遥控器换台。

我在前面提到过我对丹·奎尔的采访，他说如果他女儿堕胎，他会全力支持。一方面，正如我所说的，在这种情况下，认真倾

第11章
无比残酷的惩罚——如何在电视和广播的拷问下求生

听的关键性就体现出来了。但从另一方面来看,我能够以一种对我们两个人都能接受的方式,引导他说出这些。你在提问过程中不断地试探,除此之外,还要谨慎地以一种让采访对象感到舒服的方式提出你的问题,将二者结合起来,就能找出你想要的答案。

我曾和美国著名职业棒球运动员乔·迪马乔(Joe DiMaggio)有过同样的经历。当我正在"冲浪海滩 6 号"夜总会游艇上为迈阿密广播电台制作节目,乔·迪马乔和他的一位朋友走了进来。我当天要采访的嘉宾是赛马运动员比尔·帕塔克(Bill Partack)。采访后,乔·迪马乔上了节目。我们围绕着他身为名门之后的生活和体会聊了半个小时。

在我们谈话的过程中,我们聊着聊着话题自然而然地转移到他和他父亲的关系上。最后我问了一个谈起亲子关系时频繁会提及的问题:

"你爱你的父亲吗?"

乔想了半天说:"我爱他为人父所做的一切。"

"那你爱他这个人吗?"

沉默良久后他回应:"我真的不够了解他。"

我相信乔·迪马乔的父亲对于这番问题必然会另执一词。如果他也来上节目,我会请他聊聊这个话题。但我知道他坚决拒绝谈论他的私生活,他肯定会拒绝邀请。

如果我开门见山就问乔·迪马乔这个问题,他很可能给出一个像"当然"这样的标准答案。但我在和他相处融洽之后,顺乎情理而谨慎地提出这个问题,因此他也给出了一个更为诚实、直戳人心的回答。

我从来不怕别人说我提出的问题愚蠢无比，只要我认为节目的听众对此萌生好奇心就足够了。我在全世界的注视下问了一些拉瑟、布罗考和詹宁斯永远不会张得开口提的问题。我曾在布什总统1992年竞选期间采访他时问："你对比尔·克林顿充满敌意吗？"许多专业记者会觉得，这个问题和竞选没有任何关系，但你也可以说这个问题和竞选有着千丝万缕的关系，因为通过这个问题可以洞察出人际关系的幽微，透露出这位在国家领土上曾经的最高统治者对另外一个人的态度。

我们都是人，即使是那些高居要位的总统也不能免俗，而这是电视机前的观众们想要知道的问题，所以我问了也在情理之内。

我还问过理查德·尼克松："当你开车经过水门综合大厦时，会不会有特别的感受？"上次我采访里根总统时，我问他无缘无故遭到枪击是什么感觉。也许还会有记者问他1981年3月30日约翰·辛克利（John Hinckley）企图杀害他的事情，我敢打赌，很多人也跟我一样在这个问题上有一肚子问号。

爱德华·班尼特·威廉姆斯（Edward Bennett Williams）告诉我，对于那些他自己在法庭上提出的每一个问题，他都已经预先知道答案了。但法庭毕竟是个非同寻常的地方，律师们也不想制造令人大惊失色的场面。在我的脱口秀节目中，我从不会明知故问。面对嘉宾，我想要和我的观众有相同的反应，但如果我事先已经知道答案就"假"了，那种反应就算骗得了自己，也骗不了电视机前的观众。

第 11 章
无比残酷的惩罚——如何在电视和广播的拷问下求生

二、当你身处尴尬境地

你第一次在谈话节目中出镜大概率是作为被访者出现的,而并非以主持人身份。还记得童子军的座右铭怎么说的吧,做好准备!无论何种形式的对话,成功的首要秘诀就是要确保大局尽在你的掌握中,而不能随意被其他人左右,无论求职面试、新闻报道还是电视直播都是如此。

如果你对所谈的主题了然于胸,就能随心所欲掌控局面,然后暗示自己,你比桌子对面或者麦克风旁边的那个人更具主动权。如果是新闻采访,请记住:美国宪法中没有任何规定要求你回答每一个问题,或者必须像提问者期待的那样曝出尽可能多的细节,如果你不想透露任何消息,完全可以拒绝采访。而且这种事情也可以举一反三,当你万般无奈必须作答的时候,可以说个段子岔开话题,往往可以顺利脱身。

除非你以证人的身份坐在法庭上,否则包括我在内的任何人,谁也别想强迫你回答问题。即使在案件审理的过程中,如果你记不起某些事情,也不要因为自己太过紧张而随便给出一个答案,这会令你和其他人的证词站不住脚。如果你真的不记得了,就实话实说。他们不会因为你记不清了就把你送进监狱。如果你不在场,就照实讲。但请记住一点:如果你在现场,却说你不在,那就是在自找麻烦了,轻则身败名裂,重则锒铛入狱。因此一定要实话实说,如果你确实不记得了,也不要焦虑恐慌,照实说就得了。

如果你是在其他场合接受访问,包括新闻采访,就不用担心

超级沟通力
美国传奇主持人拉里·金的说话之道

这些问题。如果你出于这样或那样的合理原因而不喜欢这个问题，你可以通过很多方式把话题转移，即使在《拉里·金现场》的直播上也可以。公司高管、政府官员、社会名流，包括我们自己广播行业的同行都会用下面的方法来回避一些问题：

"现在回答那个问题还为时过早。"

"我还没有看到相关报告，所以无法作答。"

"这次事故已提交法庭审理，所以我不方便发表评论。"

"我们已经开始调查，并在不久的将来发布一份全面的报告。"

"这个问题纯属空穴来风，我没必要回答。"

在新闻采访中最糟糕的回答莫过于"无可奉告"。曾几何时这句话还能撑撑场面，虽然听上去差点意思，但现在完全不奏效了。在这个充斥着官司和诉讼的社会里，再加上八卦消息满天飞，这种小道消息的目的就是搅乱人心，说了"无可奉告"就意味着承认有罪。"如果他心里没有鬼，他就不会说'无可奉告'，而会正大光明回答问题。"下一次你听到这个说法肯定是在电影或者电视剧的台词里面，而且是写得很烂的那种。你只会在没什么看头的电视或电影里听到这样的台词。

如果事先知道你要去一个不自在的场合，而你又不得不去，那该怎么办？

只有以诚相待。泰诺事件就为此作出了典范。

20世纪80年代，据说有人给泰诺作了手脚，在胶囊里掺入了毒药，此后制造商强生公司作出了正面回应，而不是大事化小小事化了抑或是欲盖弥彰讳莫如深。

第 11 章
无比残酷的惩罚——如何在电视和广播的拷问下求生

公司高管面对电视镜头向全美消费者道歉。他们的公关策略就是不动用任何公关方式。他们讲出了实情——这种可怕的事情虽然已经发生了,但我们的产品仍然还是安全的,我们已经采取了与以往不同的全新预防措施,最大限度地降低这种情况再次发生的可能性,您大可放心继续选购泰诺,不必恐慌。

其结果是,公众恢复了对该产品的信心,公司也因其敢作敢当的直率态度赢得了全国各地消费者的尊重。

美国司法部前部长约翰·肯尼迪(John Kennedy)和詹妮特·雷诺(Janet Reno)也曾如此行事。1961 年入侵古巴的"猪湾事件"现在看来无疑以惨败收场,与此同时也令国家背负耻辱、颜面扫地,肯尼迪也罪责难逃。

他本可以说,这个计划是他在艾森豪威尔任期的最后几个月才接手的,或者可以推托说情报有问题。但他还是站出来,承担全责。

司法部部长雷诺上任仅几个月,得克萨斯州韦科市就发生了大卫教派悲剧,他同样敢于承担责任。也许你对肯尼迪以及雷诺领导下所发生的事情不置可否,但你不能否认他们站出来勇敢地面对困难,接受应有的惩罚,并且因其坦率赢得了尊重。

我在采访中,最擅长闪烁其词的当属军官,空军惯用的一套做法由来已久,在和平时期,如果一架飞机坠毁,当地的新闻办公室应立即发表声明,澄清以下两件事:

一是这是一次"例行训练任务"。

二是有关部门正在奉命调查此事。

这两种听上去还算靠谱的说法勉强能蒙混过关,响应速度之快令外界认为空军对这个事情积极应对,赋予大众对此事足够的知情权。此言既出,同时淡化了任何指控或怀疑,并为空军提供了宝贵的时间,以便展开调查。

三、其他可以借力的方法

以下是从我自身的经历和在广播中与他人的交谈中总结出来的5条建议,掌握了这些,你就能在广播电视界游刃有余,驾轻就熟者方可大获成功。

一是按照自己的意愿行事。
二是跟上前沿,与时俱进。
三是排遣消极绝望的念头。
四是广播、电视一碗水端平。
五是出镜注重发声、传递方式,以最佳形象示人。

(一)按照自己的意愿行事

在代表你个人、你的公司或你的组织上广播电视节目取得成功的秘诀之一,是要确保你在做的事情是完全顺从自己意愿的。如果你不想接受采访,那就拒绝。如果有人在你离开会议途中把麦克风推到你跟前,请参考我前面提过的建议来应对。记得遵循杰克·格里森(Jackie Gleason)给出的建议:"我希望自己全身

第 11 章
无比残酷的惩罚——如何在电视和广播的拷问下求生

心享受我正在做的事情。我不希望有工作的感觉。"

如果对谈的话题让你感到不爽或者你对此一头雾水,那就干脆拒绝采访。推荐别人去,或者就告诉他们说你自己并非合适的人选。

(二)跟上前沿,与时俱进

跟上前沿、与时俱进才能保持"年轻"。了解当下哪些电视节目最流行,哪些电影最受欢迎,哪位歌手演员最当红。对于当下的热门新闻和人们口耳相传的话题,虽然没必要达到专家的水准,至少要有所了解。

在我十几岁、二十几岁和三十多岁的时候,耳熟能详的红人包括弗兰克·辛纳屈(Frank Sinatra)、格伦·米勒(Glenn Miller)、乔·迪马吉奥(Joe DiMaggio)和富兰克林·罗斯福(Franklin Roosevelt)。但随着年龄的增长,时代变了,那些红榜上的人名也跟着刷新了。很快我们就开始谈论起杰基·罗宾森(Jackie Robinson)和德怀特·艾森豪威尔(Dwight Eisenhower),然后接下来是肯尼迪和猫王。而今我们需要知道汤姆·克鲁斯(Tom Cruise)和罗西尼·阿诺德(Roseanne Arnold)都是谁。我必须对摇滚甚至说唱有所了解,我年轻时流行的吉特巴舞和波比短袜派早就过时了。我可能不欣赏,但我必须知道有这么回事。

在 20 世纪 50 年代及以后,我们必须了解一些关于"冷战"的事情,虽然我们现在知道这些已经成为历史。过去,我们需要对俄罗斯、波斯尼亚的情况了如指掌,而现在的我们需要纵观全球。

这也是克林顿总统在 MTV 里露脸的主要原因之一。克林顿参加那档节目，不仅是为了向公众传达一个信号，总统也能跟得上时代了，而且还要彰显他本人就是个潮人，他熟知美国年轻人的兴趣爱好和关注的话题，也顺带着了解一下他们有投票权的父母。

（三）排遣消极绝望的念头

别再自寻烦恼，担心自己表现得不够好。如果你总是杞人忧天，这些负面情绪必然会影响到你。提醒自己，虽然你在节目里露面或者在访谈中的回答是你自己的高光时刻，抑或是对其他一些人尤为重要，但这并不会改变我们的文明进程。

约翰·罗温斯坦（John Lowenstein），这位效力于大联盟 16 年的天才棒球运动员，后来在巴尔的摩金莺广播电视台转行当了播音员。有一次，一位记者又旧事重提，问及当初在金莺队的一场比赛，他为何在赛点没能打出短打。

罗温斯坦可能是棒球界继凯西·史丹格尔（Casey Stengel）和约吉·贝拉（Yogi Berra）之后又一金句频出的智者，他告诉记者：“你看，中国有十几亿人呢，到明天早上他们之中都不会有一个人知道我的失误。"

所以说，放轻松吧。

（四）广播、电视一碗水端平

如果有机会在电视机前露脸，外表形象尤为重要，而在广播电台就不需要注意这些。除此之外，我对广播和电视都同等对待，一碗水端平。

我是一个以说话为职业的人，一个靠嘴巴谋生的传播者。在我 37 年的广播生涯中，我在广播电台接待我的嘉宾和我在电视上看他们没什么区别。在电视上，我让镜头跟随我，我不必跟着它。在广播电台做节目，形象并不重要，所以我经常穿牛仔裤。但是上电视节目就不能穿着这么随便了。有时我会穿着白衬衫打着领带吃午饭（尽管我可能有时会穿 1937 年道奇队的热身夹克，而不是西服套装或运动外套），回到我在弗吉尼亚州阿灵顿的公寓，换上牛仔裤，然后为我的晚间电视节目换上正装衬衫、吊带裤，打上领带上节目。

（五）出镜注重发声、传递方式，以最佳形象示人

无论在广播还是电视上，你的声音都颇为重要。也许不应该以此博出位，但事实确实如此。你说话的声音要彰显出你的与众不同和权威地位。也有一些主持人在嗓音没那么出色的情况下也能在广播界大放异彩。棒球解说埃德温·纽曼（Edwin Newman）就属于这样的人。主持人里德·巴伯（RedBarber）也是如此。但他们都是例外。他们在嗓音上的短板绝不会阻碍他们展现出各自的不同凡响，通过才华横溢的演讲，旁征博引向听众阐释他们如何生动传达出要说的主题，以及他们自身对话题有着深刻的洞察和深切的热情。

我很幸运，生来就有一副被认为适合播音的好嗓子。所以，

我从来没有为此担心过。但如果我没有这副上天赋予的好声音,我会设法改善它,即使我这辈子没有上节目的机会,我也会努力。毕竟这对于一个人的成功太重要了。如果克林顿的嗓音再浑厚深沉一点的话,他的形象就会更有说服力,尽管我暂时想不出还有谁在电视上比他更令人印象深刻了。在我印象中,他是自肯尼迪以降最具电视明星风范的总统,在他面前,连里根都逊色几分。但是你可以想象一下,如果克林顿拥有了爱德华·莫罗(Edward R. Murrow)的嗓音,你就会恍然大悟。

无论你从事何种职业,只要你觉得自己的声音还有提高的可能性,你可以找一个专业老师,每个城市都有这行的人,或者在图书馆找些参考书看看,抑或双管齐下效果更佳都说不定。我从广播界的同行那里得知,声音培训和嗓音练习都是行之有效的塑造方式。如果发声是你工作的关键,你可以提升其重要性,并从中受益,然后静下心来想想如何才能精益求精。如果自我评估还有提升的空间,那么你就应该采纳我前面提出的建议。其中的精妙在于一个老掉牙的笑话里也可以玩味出其中蕴含的道理:年轻的小提琴手问街上一位上了年纪的小提琴手怎么去卡内基音乐厅,对方不假思索脱口而出:"练习,再练习,不断练习。"

无论你的声质如何,你的表达都非常重要。如果你的声音听起来和唐·诺茨(Don Knotts)不相上下,或者你被告知说话不够大声或者语速太快,那就努力改进。放缓语速,让自己慢下来,会顺势让自己平静下来,最好的方法是习惯自己的声音,这也是决定你在广播或电视上成败的另一个关键因素。

当你第一次在录音带里听到自己的声音时,即使你听的是电

第11章
无比残酷的惩罚——如何在电视和广播的拷问下求生

话留言里的声音,我敢肯定你当时的反应一定是,"啊!我的声音怎么那么难听!"

事情的真相是,每个人第一次听到自己的声音时都会萌生同样的想法,发出这样的感慨。所以如果你要做电台节目或上电视,应该对自己声音能做到收放自如十拿九稳,如何才能做到这点呢?大声说话。很多演讲者在演讲彩排时就如法炮制,确实奏效。

你在练习时可以假设别人提问,然后作答,请别人和你一起"排练",很多身经百战的商界精英或者政界领袖献声广播节目或者出席新闻发布会之前都会提前演练。习惯你的声音,然后逐渐适应自己的说话节奏,养成一种自然而然的,让你感到很舒服的语速。当你做节目时,就会更加平静和自信,令你能言善辩、高谈阔论的形象深入人心。

当你上电视时,你的外表形象尤为重要,因为你不仅仅代表着别人说话,更是你自己的高光时刻。因此,你要穿上一身好看的正装或礼服,打扮得体,甚至连指甲是否干净这样细小的细节也要关照到。我无须在这里把个人卫生问题展开来谈,但相信我,电视摄影机不会撒谎,它会让观众真真切切看到你的真面貌。如果你衬衫或上衣的第三颗扣子没系上,观众就会注意到。如果你上镜那天下午给汽车换了油,黑泥挂在了指缝边上,观众也会看到。

相反,如果你用心打扮的话,观众也会看在眼里。如果你的头发有型有款,穿着看起来亦是仪表堂堂,无论你自己还是你所代表的组织机构都会给电视机前的观众留下不错的印象,特别是在电视上。

四、和媒体打交道：教科书式的案例

这里有一个例子，讲的是一个遭受重创的机构如何直面媒体，不仅挽回了它的声誉，而且获得了盛赞，提高了在社会上的知名度。

20世纪60年代，在华盛顿郊外马里兰州蒙哥马利县，3名囚犯上演了一次通宵越狱。当地新闻官第二天早上就致电华盛顿和马里兰州郊区的所有报纸、电台和电视台，邀请他们参加新闻发布会，然后参观监狱，告诉记者和编辑们，县政府官员将案情真相公之于众。他们将会告诉记者和摄影师发生了什么，是如何发生的，以及囚犯是从监狱的什么地方逃跑的。

一县之长马森·布彻（Mason Buchen）是一位德高望重、受人尊敬、脑筋活络、有作为的人，就在媒体记者前往县城的途中，新闻发言人和他碰了个面，告诉他如何应对媒体的提问。

当媒体记者到达时，布彻和典狱长已经在那里等着他们抛来问题。他们言出必行，每个问题都一一答复，而不是一句"无可奉告"就打发了，或者回避问题甚至表现出敌意。然后布彻和他的手下人动了真格，带媒体大队人马参观了监狱，向他们展示了犯人逃脱的地点以及越狱时使用的材料和工具。

发言人是位记忆力很好的空军老兵，根据他的建议，布彻随后宣布，他们任命了一个特别委员会来调查此次越狱事件，并就如何防止类似事件再次出现提出建议。

逃犯很快就被围捕了。几个月后，特别委员会发布了报告并提出了建议。此后不久，典狱长就退休了。

这可能是一次让县政府蒙羞的经历，对囚犯以外的人来说无异于大祸临头，但结果却是公关拔得头筹。当地报纸发表了满篇溢美之词的社论，赞扬了官员们处理此事的开明态度。

如果受访的官员反其道而行之，将会遭受更严重的后果。相反，他们选择了坦率的态度，于是赢得了胜利。这不仅是媒体公关中官场化负为正的典范，还是一个以端正态度应对，让包括自己在内的各方从中获益的经典案例。

五、幽默与无趣

肯尼迪是一位运用幽默化解问题的大师。在他担任总统期间，年轻的民主党人曾对他出台的一些政策表示出不满。当一名记者在电视新闻发布会上问到他这个问题时，肯尼迪并没有对他自己的政策作长篇大论的辩护。

令人们意想不到的是，他微笑着说："我不知道年轻的民主党人和年轻的共和党人有什么问题，但幸运的是，时间站在我们这一边。"解释就是掩饰，他对此没作出回应，而是取笑他们太年轻、太天真，在笑声中扳回一局。

尼克松在这方面就不尽如人意，在水门事件闹得沸沸扬扬的时候，丹·拉瑟（Dan Rather）在电视直播黄金时段的新闻发布会上，当着全国民众的面向尼克松提出了一个问题，这个问题惹怒了他。尼克松没有直截了当地回答这个问题，也没有稀里糊涂地混过去，而是反问道:"你是不是一定要问出个究竟?"

拉瑟回应他说:"先生,您多想了,不是那回事。你怕了么?"

有些观众批评拉瑟不尊重人,但其他人则认为一个合法的问题应该得到合情合理的回答,而不是以总统压倒一切的权威迫使他人就范。而且大家都认为,尼克松与10年前的肯尼迪不同,在这一轮他失手了。

且不说总统,几年前,弗吉尼亚费尔法克斯市一个特别委员会的政客,因为失职付出了代价。

当时正逢另一个县新上任了一位民选官员,这人在记者、麦克风和摄像机围追堵截之下被问起他在委员会工作中的某个敏感环节,而官员显然没有准备好如何回答这个问题,他磕磕绊绊地回答,每一秒或每3个字后,他都会随意地加上"嗯""委员会的立场是,目前还没有立场的立场"。

六、戈尔 – 佩罗的辩论大战启示录

1993年,时任美国副总统的戈尔和罗斯·佩罗曾在《拉里·金现场》节目里就北美自由贸易协定展开辩论,他们的表现亮点颇多,俨然教科书上的案例,给观众展示了如何说话,如何使用肢体语言,以及如何因为犯下无可挽回的错误导致彻底"翻车"。

这个事的导火索是由一通电话引起的,1993年秋天的一个星期四上午8点30分,我在家里接了个电话。

电话那头说:"拉里吗?我是阿尔。"

第11章
无比残酷的惩罚——如何在电视和广播的拷问下求生

我说:"阿尔?哪个阿尔?"

"阿尔·戈尔。"接下来的谈话就顺畅了。

戈尔副总统说,他想就北美自由贸易协定和罗斯·佩罗展开一场辩论。这个协定即将进行国会投票表决,而正在推动北美自由贸易协定的政府恐怕会失算,因为包括罗斯·佩罗在内的大多数人似乎都对协议持反对意见。对戈尔来说,有了克林顿开的绿灯和我们的抛砖引玉,就算是大功告成了,因为他和克林顿是他们这届政府中为数不多想要和佩罗一较高下的人。其他人都认为佩罗会打得戈尔片甲不留,他会趁着一鸣惊人的势头拉到更多选票,覆盖全美的电视转播也会让他大出风头,更能笼络一众自己的拥趸。

佩罗低估了他的对手。戈尔除了在话题知识储备上略胜一筹,他的表现也可圈可点,这得益于他在参议院的经历。在参议院,你绝不会勃然大怒,也不会表现出对对手的不尊重,而是直视他的眼睛,坚定地做出回应,而且也不能嘲笑你那些值得尊敬的对手。相比之下,佩罗脾气暴躁,动不动就大发责难、口不择言、咆哮如雷,肢体语言也令人迷惑不解。这不禁让观众心生疑惑,身为一名亿万富翁和企业高管,他是否不习惯接受挑战。

人们普遍认为,无论是有意安排还是自然流露的肢体语言在戈尔和佩罗的胜败上起到了决定性的作用。戈尔斜着身子坐在椅子上,这样他就能顺势直视佩罗的眼睛。佩罗和我面对面坐着,尽量避开与戈尔的目光接触。戈尔看上去轻松自信,佩罗看上去斗志昂扬、怒气冲冲;戈尔说话时坚定自信,佩罗则不停地抱怨戈尔不让他把话说完。在我们的许多观众看来,他在这方面太缺乏经验，而且没有足够的知识储备，而对方却是同一领域的行家，且随时准备摩拳擦掌、舌战群儒一番。戈尔—佩罗展开辩论的局面完全是一强一弱的典型例子。

　　罗斯·佩罗之所以人气旺，还因为他有着积极向上的天性。他仍然不相信他输掉了那场辩论。而且他对戈尔和我都表现得很友好。4天后我遇到了佩罗，在那之前，我没有听到其他任何消息，只是略有耳闻那天晚上的节目有多么轰动，还有我们的节目又给政治和电视历史写下了浓墨重彩的一笔。

　　所以我对他说："罗斯，等我死的时候，你的名字会出现在我讣告的第一段。"

　　他说："那我的讣闻里也少不了提到你的名字。"

　　我知道我可能还有一个"第一"出现。不出所料，那期节目创下了有线电视史上最高的收视率——2500万人次的观众。而现在一切皆有可能。你会看到总统、副总统都毫不避讳与普通公民讨论私人问题。

　　电视不仅改变了我们的生活方式，也改变了我们治国的方式，戈尔—佩罗的辩论戏剧性地呈现出电视如何影响我们的生活。在一个令人眼花缭乱的展望中，我们能看到未来做事的方式，也就是我们将如何处理政务。

　　当时希伯来大学的美国之友选我为1994年斯考普斯奖的获得者，克林顿总统在给我的一封信中提到了此事。克林顿以轻松调侃的语调说道，如果我们的开国元勋在今天起草宪法，那么至少其中一部分会与我们现在看到的不一样。"宪法规定联邦政府定期向国会述职，他们是出于什么考虑的？如果他们当时知道我

第 11 章
无比残酷的惩罚——如何在电视和广播的拷问下求生

们现在的认知,他们就能了解到,只要请几个嘉宾,然后开通几条电话热线,你就可以每天通过实时的 CNN 直播了解国家大事,足不出户尽知全球新闻。"

当时的说法一点都不夸张,在不久后的今天业已成为现实。

在戈尔—佩罗展开辩论之前,我提醒自己在这样的情况下需要注意到的一些事情,一些棒球裁判以及其他体育运动中的管理者都要引以为鉴:观众远道而来不是来看裁判的。当戈尔和佩罗在我的节目中就北美自由贸易协定展开针锋相对的辩论时,我事先就知道没人会关注到我,戈尔和佩罗才是全场的焦点,所以我全程保持低调。

在你的职业生涯中,大概率也会遇到那晚和我相似的角色,也许我对这个角色的看法,可以对你下次主持小组讨论、圆桌会议或任何其他类型的会议时有所启发。

这种角色适用于任何涉及两个或两个以上更多人针对某一议题所展开的正反讨论。如果你是主持人,就要保证全场的公正性,起码要一视同仁才能让讨论顺利进行,确保双方的发言时间不相上下,引导参与者围绕着话题展开讨论,并且控制观众提问的语气、时长及内容。

这种讨论不可能一次就让国会法案一锤定音,但却可能对你本人有重要影响,如果你是个公正合理的裁判,那么当你的工作告一段落,和与会者结下的情谊会延续下来。

第12章
未来的谈话方式

一、不可限量的未来

1994年5月,我在新奥尔良主持了一个座谈会,讨论的主题之一是我们在20世纪90年代经常听到的一个话题——"信息高速路"。那次由华盛顿郊外弗吉尼亚州赫恩登的新桥网络公司发起的会议可谓星光熠熠,吸引来不少在业界堪称领头羊的公司高管到场发言。

在我返回华盛顿的飞机上,他们的讨论仍然在我脑海里回荡,而且留下了一个难以撼动的想法:未来将不再是过去的样子了。

不是我故作高深卖关子。如果你当时也坐在那里旁听高管们谈论我们当下和未来的沟通方式,以及我们的生活正在发生的翻天覆地的巨变,那么你也会得出这一结论。

正如那些专家指出的,"信息高速公路"已经落成。我们现在正在做的是增加更多的车道。在我们的生活中已经先后出现过传呼机、传真机、移动电话、盒式录像机、电话留言机和语音信箱、掌上电脑和电子公告板等。未来10年还会涌现出更多的通信设备。

二、谈话会过时吗?

越来越多的电子媒体承载着传递信息的使命,这让有些人忧心忡忡:谈话这门艺术迟早会成为过去时。而我觉得恰恰相反,正因为有了这些新设备,才让我们比以往任何时候都能"说"得更多,而且传输渠道也有更多选择。但只要有人类存在,谈话就不会被淘汰,而是与我们同在。事实上,在这次会议上,我就突如其来有了个想法,无论 21 世纪给我们带来了什么样的新技术,也阻碍不了大势所趋,也就是本书开篇的那句话:"人人都要说话。"

随着各种发明如雨后春笋般应运而生,甚至星球大战里一些设备都近在眼前了,最后决定成败的还是一些最基础的因素。无论你是和对桌的人说话,还是通过电脑打字网聊,好的说话准则都是一样的,都是为了和他人建立联系的沟通。

开诚布公、态度热情、乐于倾听,做到这 3 点就会让你在任何媒介中成为一个受欢迎的谈话者。无论你是在社区中心与 12 个人交谈,还是参与卫星电话会议,总而言之,都是对着一群人在讲话。做好准备工作,了解你的听众,言简意赅,成为一个成功的演讲者不是难事。

三、再说几句

当我在这本书快要收尾的时候,我比刚开始写的时候更加坚信，关于说话的艺术，活到老学到老，这本书总能帮助到你。我怎么知道的？因为它已经帮到我了。我趁写这本书之时，又回忆起一些沟通的理念和技巧，而我们在匆忙的社交生活中又经常忽视这些。

在第 10 章中，我提到了《华盛顿邮报》的雪利·鲍维奇。他之所以成为美国最受尊敬的记者之一，就在于他遵循自己的个人信条："天下没有改不顺的故事。"

这同样也适用于谈话。无论我们对此有多么了解，我们都可以继续改进我们的谈话方式，而且伴随着这种改进获得成功和信心。即使是像我入行多年，长期以此为生的人也可以而且应该继续巩固这些技巧。赫布·科恩听到我要多练习之类的话一点都不足为奇，因为他已经听我唠叨了半个世纪。但唯有一件事可以让他感到欣慰：我不再给他连说带比画讲棒球比赛了，毕竟赛况重现一说就要 3 个多小时。

如果说我希望你能从这本书里得到什么启示，那就是一种说话的态度。说话不应该是一种挑战，令人感到不爽的义务，或者是一种消磨时间的方式。说话是人类最伟大的发明，是我们彼此之间建立联系的方式，同样也是生活的一种乐趣。要把每一次对话都当成一次机会。

无论你是否健谈，请记住这两点：

如果你觉得自己不擅长说话，你可以精益求精。

如果你觉得自己的沟通交际不在话下，你还可以做得更好。

说吧！